Sven Dietrich

EDV-gestütztes Mängelmanagement als Beitrag zur Qualitätssicherung am Beispiel der Großbaustelle "City-Carrè Magdeburg"

Examicus Verlag

Bibliografische Information der Deutschen Nationalbibliothek:

Bibliografische Information der Deutschen Nationalbibliothek: Die Deutsche
Bibliothek verzeichnet diese Publikation in der Deutschen Nationalbibliografie;
detaillierte bibliografische Daten sind im Internet über http://dnb.d-nb.de/ abrufbar.

Copyright © 1998 GRIN Verlag GmbH
Druck und Bindung: Books on Demand GmbH, Norderstedt Germany
ISBN: 978-3-86746-235-8

http://www.examicus.de/e-book/185300/edv-gestuetztes-maengelmanagement-als-
beitrag-zur-qualitaetssicherung-am

Examicus - Verlag für akademische Texte

Der Examicus Verlag mit Sitz in München hat sich auf die Veröffentlichung akademischer Texte spezialisiert.

Die Verlagswebseite www.examicus.de ist für Studenten, Hochschullehrer und andere Akademiker die ideale Plattform, ihre Fachtexte, Studienarbeiten, Abschlussarbeiten oder Dissertationen einem breiten Publikum zu präsentieren.

Inhalt

0. Vorstellung des Diplomthemas

EDV-gestütztes Mängelmanagement als Beitrag zur Qualitätssicherung am Beispiel der Großbaustelle „City Carrè Magdeburg".

Nach DIN 55 350 Teil 11 ist die Qualitätssicherung wie folgt definiert: "Gesamtheit der Tätigkeiten des Qualitätsmanagements, der Qualitätsplanung, der Qualitätslenkung und der Qualitätsprüfungen" [1].

Das Wort Management leitet sich von dem lateinischen manus, die Hand, ab. Ganz allgemein bedeutet Management „Leitung, Führung von Betrieben und anderen sozialen Systemen" [2]. Das Management ist Inbegriff der Ausübung von Leitungsfunktionen und kennzeichnet einen Tätigkeitsbereich, der die Betriebspolitik durch Planung und Treffen von Grundsatzentscheidungen, die Durchsetzung von Entscheidungen durch Erteilung von Anweisungen und Kontrolle umfaßt [3].

Das Thema Mängelmanagement, also der Umgang mit vorhandenen Mängeln und deren Kontrolle sowie Verwaltung ist ein Bereich, der in der Baubranche oft vernachlässigt wird. Der Grund ist darin zu suchen, daß die meisten Unternehmen lieber über ihre wirtschaftlichen Erfolge, als über ihre Fehlleistungen reden. Doch gerade hier liegt die besondere Brisanz dieses Themas. Innerhalb der letzten Jahre hat die Mängelproblematik immer mehr an Bedeutung gewonnen. Die Ursache liegt darin, daß im Entstehen und Beseitigen von Unregelmäßigkeiten ein enormes finanzielles Potential liegt.

1. Einleitung

Schon im Codex Hammurabi, der ältesten Bauregel des gleichnamigen Königs von Babylon 1728-1686 vor Christus, war die Qualität durch harte Strafen für die Nichterfüllung erzwungen. Darin heißt es nach einer Übersetzung: „Wenn ein Baumeister für jedermann ein Haus baut und es nicht fest ausführt und das Haus, das er gebaut hat, stürzt ein und schlägt den Eigentümer tot, so soll jener Baumeister getötet werden..." [4].Ganz so drastisch sind die Verhältnisse heute nicht mehr, dafür sind sie allerdings auch komplexer geworden.

Der Bauherr oder Käufer eines Neubaus kann von seinem Vertragspartner eine mangelfreie Bauleistung erwarten. Dies ist im Bürgerlichen Gesetzbuch und in der Verdienungsordnung für Bauleistungen verankert. Sind an ein Bauteil besonders hohe Ansprüche gestellt, so sollten diese Anforderungen vorab ausdrücklich einzeln vertraglich vereinbart werden. Aufgrund der Vielzahl der Bauteile eines Gebäudes werden im Normalfall zu wenig Einzelvereinbarungen getroffen. In diesem Fall gelten zwischen den Vertragspartnern die „Allgemein anerkannten Regeln der Bautechnik" als vereinbart.

Doch die Errichtung eines mangelfreien Gebäudes ist nicht realistisch. Zielstellung muß sein, die entstehenden Mängel auf ein Minimum zu reduzieren. Warum ist die Vermeidung von Baumängeln nicht realistisch? Bei in Wind und Wetter meist in handwerklicher Einzelherstellung errichteter Gebäude kann nicht die Exaktheit und Makellosigkeit erwartet werden, die der Verbraucher von anderen industriell hergestellten Gebrauchsgütern gewohnt ist [5].

2. Was versteht man unter einem Mangel?

Ein Mangel ist die Nichterfüllung von gegebenen Bedürfnissen und gestellten Anforderungen. Außerdem die beschränkte Funktionstüchtigkeit und Wertminderung oder Nutzungsbehinderung, ohne Substanzverlust oder direkte Folgekosten. Vielfach bilden Mängel die Vorstufe von eigentlichen Schäden [6]. Man spricht also von einem Mangel, wenn die ausgeführten Bauleistungen (der Ist-Zustand) in negativer Weise vom vertraglich vereinbarten Zustand (Soll-Zustand) abweicht [5].

Eine Beurteilung kann auch ergeben, daß vermeintliche Mängel die vertraglich festgelegten Grenzwerte nicht überschreiten. Grenzwerte sind hierbei die allgemein anerkannten Regeln der Bautechnik, dies gilt auch, wenn der kritisierte Sachverhalt noch im Rahmen des vertraglich zu Erwartenden bzw. des allgemein Üblichen liegt. Es liegt dann kein Mangel vor, die Unregelmäßigkeiten müssen als unvermeidbar und üblich hingenommen werden. In vielen Fällen liegt allerdings ein Ermessensspielraum vor, der die Einschaltung eines unabhängigen Sachverständigen erforderlich macht.

2.1 Beurteilung von Unregelmäßigkeiten

Man kann bei der Beurteilung von drei möglichen Ergebnissen ausgehen:

- hinnehmbare Mängel
- behebbare Mängel
- Mängel, deren Beseitigung einen unverhältnismäßig hohen Aufwand erfordern

2.1.2 Hinnehmbare Unregelmäßigkeiten

Wird bei der Beurteilung der Unregelmäßigkeiten festgestellt :

- die vertraglich festgelegten Werte wurden nicht überschritten,

- die Bauleistung entspricht den anerkannten Regeln der Bautechnik und

- die Unregelmäßigkeit liegt noch im Rahmen des vertraglich zu Erwartenden

bzw. des allgemein Üblichen,

so muß die Unregelmäßigkeit als unvermeidbar und üblich hingenommen werden [5]. Dieser Sachverhalt birgt natürlich die Oberfläche für Streitpunkte, da die Vertragspartner hier unterschiedliche Interessen vertreten.

2.1.3 Behebbare Mängel

Hierzu zählen Mängel, deren Nachbesserung bzw. Erneuerung zumutbar und im Verhältnis zum erzielbaren Erfolg nicht unverhältnismäßig aufwendig sind. Der Bauherr bzw. Käufer hat einen Anspruch auf die Beseitigung des Mangels und der Unternehmer ein Recht auf Nachbesserung.

2.1.4 Mängel mit einem unverhältnismäßig hohen Aufwand bei der Beseitigung

Unter nicht behebbare Mängel fallen Unregelmäßigkeiten, deren Nachbesserung bzw. Erneuerung nicht zumutbar ist. Der Aufwand zur Beseitigung des Mangels steht in keinem Verhältnis zum „erzielbaren Erfolg". In solchen Fällen kann der Bauherr bzw. Käufer nicht auf eine Mängelbeseitigung bestehen, sondern die Abweichungen werden durch einen sogenannten Minderwert abgegolten (s.h. VOB/B §13 Nr.6 bzw. BGB §634, §472, [7, 8]).

2.2 Grundsätze zur Beurteilung von technischen Mängeln

Fehler und Störungen im Bauablauf führen nicht nur zu zusätzlichen Kosten für Unternehmen und Bauherren, sondern vor allem auch zu unerwünschten Baumängeln und Bauschäden. Grafik 1 zeigt die Ursachen von Bauschäden in Deutschland aus dem Jahre 1996 und deren prozentuale Verteilung auf verschiedene Phasen eines

Bauprojekts. Anhand dieser Grafik wird ersichtlich, daß nur jeder fünfte Schaden auf eine ungeeignete Bauausführung zurückzuführen ist. Die meisten Fehler entstehen in der Planung.

Art des Fehlers	Anteil
Planungsfehler	41%
mangelhafte Kommunikation	8%
Ungeeignete Bauausführung	21%
Ursachen nicht feststellbar / unvorhersehbare Einflüße	18%
Unzureichende Voruntersuchung	12%

Grafik 1:

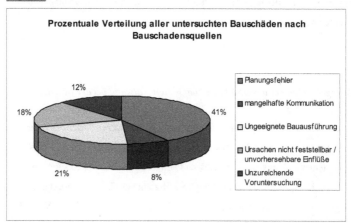

Prozentuale Verteilung aller untersuchten Bauschäden nach Bauschadensquellen

- Planungsfehler
- mangelhafte Kommunikation
- Ungeeignete Bauausführung
- Ursachen nicht feststellbar / unvorhersehbare Einflüße
- Unzureichende Voruntersuchung

Quelle: Schadensvermeidung bei Baugrubensicherungen, Institut für Bauschadensforschung e.V., Heft 13, [9]

Technische Baumängel und Bauschäden gehen auf falsches Handeln oder falsche Einschätzung im technischen Bereich zurück. Sie liegen im technischen Handeln und Entscheiden bei den Ausführenden, ihren Instrukteuren oder den Planenden und Kontrollierenden. Es ist jedoch nicht ausreichend, das Problem der Bauschäden nur allein im technischen Bereich festzumachen. Denn dies ändert nichts an der Tatsache, daß ein Schaden bzw. Mangel nun einmal entstanden ist. Natürlich ist es von der Systematik her richtig, zuerst den Fehler festzustellen und dann zu untersuchen, in

6

welcher Phase der Bauwerkserstellung der Fehler aufgetreten ist. Hat man die Fehlerquelle dann gefunden, müssen die Gründe für das Entstehen des Fehlers untersucht werden. Wird in negativer Weise von den Regeln abgewichen, so muß nicht zwangsläufig ein Schaden entstehen. Der Mangel kann vielmehr nur in einer Verminderung der üblichen Zuverlässigkeit bestehen. Viele bautechnische Regeln zielen darauf ab, daß Bauteile Sicherheitsreserven für ungünstige Beanspruchungsüberlagerungen beinhalten [10]. Es handelt sich demnach um technische Mängel, wenn auch aufgrund der konstruktiven Bedingungen Schäden nicht wahrscheinlich sind. In einem Urteil des Landesgerichtes München II heißt es hierzu in Bezug auf die Verwendung eines nicht völlig gleichwertigen, nicht ausgeschriebenen Ersatzproduktes: „Auf die Gesamtheit aller Bauvorhaben gesehen ist eine (erhöhte) Schadenswahrscheinlichkeit von (nur) 1 Prozent keine mehr zu vernachlässigende Größe" [10].

2.2.1 Risse

Risse sind in vielen Fällen nicht vermeidbar und müssen häufig als unvermeidbar hingenommen werden. Ein Bauteil völlig frei von Rissen zu erstellen, ist in der Praxis kaum zu realisieren, da dies nur mit einem sehr hohen konstruktions - und betontechnologischen Aufwand zu erreichen ist. Aus Kostengründen ist dieser erhöhte Aufwand jedoch nicht üblich. Die Bewertung von Rißbildern hängt von der jeweiligen Einzelsituation ab. Jede Rißbildung muß zuerst auf seine Ursachen untersucht werden, um eine Beeinträchtigung der technischen Eigenschaften des Bauteiles auszuschließen. Wichtig ist hierbei, ob es sich um einen Endzustand handelt. Ist sichergestellt, daß mit einer deutlichen Rißerweiterung in Zukunft nicht zu rechnen ist, so ist zunächst das wesentliche Beurteilungskriterium für alle Rißbildungen zu untersuchen. Die Überlegung inwieweit durch die Rißbildung die technische und optische Nutzungsfunktion des Bauteils beeinträchtigt werden[5].

2.2.2 Beschädigungen

Beschädigungen, wie Abplatzungen, Einbeulungen oder Kratzer, muß der Käufer eines Gebäudes nicht grundsätzlich hinnehmen. Bei vielen Formen der Beschädigungen kommt es zu Streitigkeiten zwischen den Vertragspartnern, ob diese bereits bei der Übernahme des Gebäudes vorhanden waren oder durch die Benutzung entstanden sind. Da dies im Nachhinein häufig nur noch schwer rekonstruiert werden kann, ist sehr zu empfehlen, bei der Abnahme eines Gebäudes sämtliche Beschädigungen detailliert zu Protokoll zu nehmen [5]. Die Beurteilung der optischen Beeinträchtigung erfolgt nach den unter dem Punkt 2.3 beschriebenen Kriterien.

2.2.3 Verschmutzungen

Die auf die Beurteilung von Beschädigung zutreffenden Kriterien bei der Abnahme sind auch bei Verschmutzungen zu beachten. Daß in Gebrauch genommene Gegenstände verschmutzen, ist selbstverständlich. Es muß hierbei untersucht werden, in welcher Form diese Verschmutzungen mit Fehlern in der Ausführung zusammenhängen. Es geht um die Frage der Vermeidbarkeit einer Verschmutzung. Sind die „Allgemein anerkannten Regeln der Bautechnik" eingehalten oder sind beispielsweise Tropfkanten nicht sachgemäß ausgeführt. Auch bei Verschmutzungen liegt ein erheblicher Ermessensspielraum vor, der häufig zu Streitfällen führt.

2.2.4 Toleranzen

Es handelt sich hier um ein grundsätzliches Problem, welches häufig zu Streitfällen führt. Detaillierte Angaben befinden sich in den DIN Normen 18201, 18202 sowie in der DIN Norm 18203. In der DIN 18201 sind grundsätzliche Begriffe und Grundsätze, die Toleranzen betreffen, erläutert. In der DIN 18202 und 18203 sind, getrennt nach den verschiedenen Bauteilen, alle notwendigen Grenzen und deren Prüfungen enthalten, oder es wird entsprechend darauf verwiesen. Werden die aufgeführten Toleranzen überschritten, kann in der Regel von einem optischen Mangel ausgegangen werden. Die angeführten Normen 18201 und 18202 sind prinzipiell nicht für die Beurteilung von optischen Eigenschaften formuliert. DIN 18201 führt hierzu aus: "Die DIN 18202 und DIN 18203-1 bis DIN 18203-3 festgelegten Toleranzen stellen die im Rahmen üblicher Sorgfalt zu erreichende Genauigkeit dar." [11]. Werden an ein Bauteil besonders hohe Anforderungen gestellt, so sollten diese vorab ausdrücklich vertraglich vereinbart werden.

2.3 Grundsätze zur Beurteilung von optischen Mängeln

Bei optischen Beeinträchtigungen geht es darum, welche Störwirkungen diese auf einen Betrachter haben. In Frage kommen hier Farbabweichungen, Verschmutzungen, kleinere Beschädigungen oder auch Unebenheiten. Zwei Gruppen von optischen Unregelmäßigkeiten sollten unterschieden werden : Zum einen sind das Mängel, die das Erscheinungsbild beeinträchtigen und zum anderen Mängel, die eine Beeinträchtigung der technischen Funktionalität darstellen.

Grundsätzlich sind Beeinträchtigungen unter den späteren gebrauchsüblichen Bedingungen zu betrachten [5]. Eine Beurteilung erfolgt also z.B. aus dem Betrachtungsabstand und unter den Beleuchtungsbedingungen, die bei der späteren Nutzung üblich sind [5]. Ebenfalls eine wichtige Rolle spielt, um was für ein Bauteil es sich handelt. So ist z.B. eine Farbabweichung in einem Nebenraum eines Geschäftes unter anderen Kriterien zu beurteilen, als dies in einer repräsentativen Eingangshalle der Fall ist. Der Grad der ermittelten Störung auf den Betrachter kann skaliert werden. Eine solche Skalierung erleichtert die Handhabung wesentlich.

Grafik 2 Quelle: Leitfaden über hinzunehmende Unregelmäßigkeiten bei Neubauten [5]

		Gewicht des optischen Erscheinungsbildes			
		sehr wichtig	wichtig	eher unbedeutend	unwichtig
Grad	auffällig				
der	gut sichtbar	Nachbesserung			
optischen	sichtbar			Minderwert	
Beeinträch-	kaum erkennbar				Bagatelle
tigung					

2.4 Die wichtigsten juristischen Zusammenhänge [7, 8, 12]

Bei mangelhafter Leistung kann der Arbeitgeber laut BGB den Vertrag rückgängig machen (Wandlung, BGB § 346) oder Herabsetzung des Preises (Minderung) verlangen. Folgen der Wandlung ist, daß beide Parteien verpflichtet sind, einander die empfangenen Leistungen zurückzugewähren. Das ist bei Bauleistungen kaum möglich.

Ist die VOB/B Vertragsgrundlage, so kann der Arbeitgeber den Vertrag entziehen, falls der Arbeitnehmer nach einer angemessenen Frist die Mängel nicht beseitigt hat. Dies ist im § 4 Nr.7 und im § 8 Nr.3 verankert.

2.4.1 Abnahme

Eine gesetzliche Begriffsbestimmung fehlt. Die VOB setzt den Abnahmebegriff voraus. Unter Abnahme, ist die Anerkennung der Vertragserfüllung zu verstehen.

Es besteht die Pflicht zur Abnahme durch den Auftraggebers. Ansprüche aus erkennbaren Mängeln müssen vorbehalten werden. Eine Fertigstellung, also die Vollendung der in Auftrag gegebenen Gesamtleistung, ist Voraussetzung für die Abnahme. Dies gilt ohne ausdrückliche Sondervereinbarung uneingeschränkt für BGB-Verträge. Innerhalb der VOB/B gibt es hierbei zwei wichtige Ausnahmen. Einerseits ist der Eintritt der Abnahmewirkung möglich, trotz Fehlens geringfügiger Restarbeiten, sofern die Bauleistung insgesamt wenigstens funktionsfähig und damit für den bestimmungsgemäßen Gebrauch benutzbar ist. Andererseits ist eine Teilabnahme für in sich geschlossene Teile möglich. Dies gilt auch für Leistungen, die durch die weitere Bauausführung der Prüfung und Feststellung entzogen sind (VOB/B § 12 Nr.2). Desweiteren besteht die Möglichkeit der fiktiven Abnahme. Sie tritt 12 Werktage nach Mitteilung des Arbeitnehmers über die erfolgte Fertigstellung der Leistung oder 6 Werktage nach Innutzungsnahme (VOB/B § 12) ein.

Unter bestimmten Bedingungen kann die Abnahme auch verweigert werden. Bei Geltung der VOB/B ist das Verweigerungsrecht nach § 12 Nr.3 ausdrücklich beschränkt auf wesentliche Mängel, d. h. auf solche, die eine erhebliche Abweichung von den Voraussetzungen des § 13 Nr.1 VOB/B zur Folge haben.

Mit dem Begriff Abnahme ist eine Reihe von wichtigen Rechtsfolgen verknüpft, welche insbesondere für den Bereich der Bauschäden und damit für die Gewährleistung unmittelbar praktische Bedeutung haben. Mit dem Eintritt der Abnahmewirkung endet das Erfüllungsstadium, und es beginnt das Gewährleistungsstadium (VOB/B § 12 Nr.6, BGB § 644), d.h. durch eine erfolgte Abnahme tritt eine Umkehrung der Beweislast ein. Vor der Abnahme muß der Arbeitnehmer die Vertragsmäßigkeit seiner Leistung beweisen, nach erfolgter Abnahme muß der Auftraggeber einen Vertragsverstoß beweisen (BGB § 363). Ist die Abnahme erfolgt, kann der Auftraggeber Ansprüche wegen Mängeln, die ihm bei der Abnahme schon bekannt waren, nur geltend machen, wenn er sich dies schon bei der Abnahme vorbehalten hat. Dies gilt ebenso für eine fällige Vertragsstrafen (VOB/B §12 Nr.5, BGB § 640 u. 641). Mit der erfolgten Abnahme beginnt die Verjährung der Gewährleistungsansprüche (VOB/B § 13 Nr.5, BGB § 640).

2.4.2 Gewährleistung

Die Gewährleistung ist im Bürgerlichen Gesetzbuch §§ 633,634 und 635, sowie in der Verdienungsordnung für Bauleistungen § 13 geregelt.

Im Bürgerlichen Gesetzbuch ist die Nachbesserung von jeglichen Mängeln die Pflicht des Arbeitnehmers. Kommt dieser dem nicht nach, so wird die Nachbesserung durch den Auftraggeber vorgenommen. Der Auftraggeber kann die Vergütung einstellen (Zurückbehaltungsrecht) und hat Anspruch auf Wandlung, Minderung oder Schadenersatz, wenn der Arbeitgeber die vorhandenen Mängel nicht selbst beseitigt. Der Arbeitnehmer kann die Mängelbeseitigung verweigern, wenn das nur mit unverhältnismäßig hohem Aufwand möglich ist (siehe 2.1.4).

Ist die VOB/B Vertragsgrundlage so, hat der Arbeitgeber im wesentlichen dieselben Rechte wie nach BGB-Verträgen. Es gibt jedoch einige grundlegende Einschränkungen. Es besteht kein Recht auf Wandlung. Nach § 13 ist der Arbeitnehmer nicht gewährleistungspflichtig, wenn der Mangel auf die Leistungsbeschreibung, auf Anordnung oder Stofflieferungen des Arbeitgebers oder auf Vorleistungen anderer Unternehmer zurückzuführen ist. Der Arbeitnehmer ist verpflichtet, Bedenken, falls er solche hat oder hätte haben müssen, vor der Ausführung dem Arbeitgeber zu melden (§ 4 Nr.3).

Gewährleistungsfristen sind notwendig, da viele Mängel einer Bauleistung nicht unmittelbar bei der Abnahme oder Ingebrauchnahme erkennbar sind. Einige Unregelmäßigkeiten treten erst in Erscheinung nach einer gewissen Nutzungszeit [17]. Der Auftraggeber muß die Möglichkeit haben, bei später offenbar werdenden Mängeln die Verantwortlichen zu belangen [17].

3. Problematik auf Großbaustellen

Wie bereits im Kapitel Einleitung festgestellt, ist ein Bauwerk gänzlich ohne Mängel unrealistisch. Um so größer die Baumaßnahme ist und je mehr Bauteile erstellt werden, um so größer ist die Anzahl der zu erwartenden Unregelmäßigkeiten auf einer Baustelle. Mit der Größe des Bauprojekts steigen also auch die Anforderungen in bezug auf das Mängelmanagement. Zumal zu bedenken ist, daß durch die erhöhte Anzahl von Arbeiten im Regelfall auch die Anzahl der Nachunternehmer steigt. Diese führen zum Teil auch häufig mehrere Gewerke gleichzeitig aus. Es gibt mitunter auch verschiedene Nachunternehmer für ein Gewerk. Die Fülle der zu berücksichtigen Faktoren für den richtigen und effektiven Umgang mit Mängeln, wird also in der Regel schwieriger. Kann man bei kleineren Baustellen noch mit einfachen, vorgefertigten Formularen (z.B. Formulare aus dem Qualitätsmanagementhefter der Baustelle) auskommen, so ist dies bei Großbaustellen nur noch mit Hilfe von EDV-Anlagen möglich. Die computergestützte Mängelbearbeitung wird notwendig, um den Qualitätsanforderungen eines Käufers bzw. Bauherrns gerecht zu werden. Bedingt durch die Größe, die Art der Bauleistung sowie die spezifischen Tätigkeitsfelder, hat jeder Bauunternehmer einen eigenen, ganz speziellen Bedarf an EDV-Unterstützung [13]. Eine zügige Abwicklung und Bearbeitung der Unregelmäßigkeiten, deren Koordination sowie Kontrolle sollte das Ziel des Mängelmanagementes sein.

4. Das City Carré Magdeburg

4.1 Kurzbeschreibung

Das City Carrè liegt im Zentrum der Landeshauptstadt Magdeburg. Dieser Sachverhalt ist nach Meinung der Projektgemeinschaft der größte Vermarktungsvorteil gegenüber anderen Anbietern, insbesondere von Büroflächen. Ein weiterer großer Vorteil liegt in der optimalen Verkehrsanbindung. In unmittelbarer Nähe des City Carrès befinden sich der Bahnhof, Straßenbahnhaltestellen, der Busbahnhof, sowie eine Anbindung an die Stadtautobahn und damit an die Bundesautobahn A2. Mit dem City Carrè entsteht im Stadtzentrum ein architektonisch signifikanter Baukomplex. Der ehemalig brachliegende Bahnhofsvorplatz Magdeburgs wird begrenzt durch die Ernst-Reuter-Allee, die Otto von Guericke Straße, die Bahnhofstraße sowie die Hasselbachstraße. Durchschnitten wird das Bauvorhaben durch die Straße Am alten Theater und die Kantstraße (siehe Lageplan in der Anlage).

Auf 120.000 m² Mietfläche, verteilt über 5 bis 6 Ebenen, befinden sich zum Teil fertiggestellte Büros, Freizeit-und Gastronomieeinrichtungen. Ein breit gefächertes Dienstleistungsangebot mit 60 Einzelhandelsgeschäften und ein Multikomplexkino mit insgesamt 2.800 Plätzen sind bereits fertiggestellt.

Das Bauvorhaben ist in die Bauteile 1, 2a und 2b (Cinemaxx), 3a und 3b, 4 und 5 unterteilt. Im Bereich der Bauteile 1 und 3 befindet sich ein Handelszentrum mit 40.000m² Nutzfläche, von denen 10.000 m² im 1.UG liegen. Diese Blöcke mußten zeitgleich erstellt und errichtet werden, da ansonsten die Funktionsfähigkeit des Handelszentrums nicht gegeben wäre. Damit ergab sich zwangsweise, in den Blöcken 1 und 3 auch die aufgehenden Konstruktionen mit insgesamt 50.000 m² Bürofläche auf einen Schlag zu erstellen. Zeitgleich mußte die Tiefgarage für den Baublock 5 errichtet werden, um die erforderlichen Stellplätze für die Mieter des Handelszentrums bereitstellen zu können.

Baubeginn war im August 1995. Das gesamte Objekt soll im Herbst 1999 fertiggestellt sein. Die Gesamtbausumme ist mit Kosten von ca. 600 Millionen DM verbunden [14].

4.2 Vertragsrechtliche Zusammenhänge

Beim Bauvorhaben City-Carre`handelt es sich um eine Projektentwicklung der Philipp Holzmann AG.

Auf Grundlage der Planung eines Bankenkonsortiums wurde das brachliegende Grundstück gegenüber dem Hauptbahnhof in Magdeburg einem Bebauungsplanverfahren unterzogen. 1992 wurde ein internationaler Investorenwettbewerb ausgeschrieben, an dem auch die Philipp Holzmann AG teilnahm. Diese erhielt gegen Vorlage eines Bürgschaftsversprechens den Zuschlag für das Projekt [14].

Philipp Holzmann trat zu Beginn als Totalunternehmer auf. Es handelt sich also um einen Generalunternehmer, der zusätzlich auch die Planung des Projektes übernahm. Der Leistungsumfang der einzelnen Bauteile umfaßt die schlüsselfertige Erstellung. Im geringen Umfang wird auch mieterseitiger Ausbau vorgenommen.

Die Projektgemeinschaft City Carre` der Philipp Holzmann AG besteht zu 50% aus der Philipp Holzmann BauProjekt, sowie zu je 25 % aus der Zweigniederlassung

Magdeburg und der Zweigniederlassung Hochbau, die wiederum der Hauptnieder-
lassung Hannover unterstellt sind [14].

Im Dezember 1996 wurde das gesamte Projekt an eine Immobilienfonds GmbH ver-
kauft, wobei die Philipp Holzmann AG auch weiterhin für die Vermarktung des City
Carre`s verantwortlich bleibt.

4.3 Bisheriges Mängelmanagement

Durch die neuen Verhältnisse auf der Baustelle, insbesondere durch das Vorhanden-
sein eines Bauherrn, änderte sich der Ablauf der Mängelerfassung grundlegend.

Der Immobilienfonds, welcher nun als Bauherr auftrat, beauftragte ein Ingenieurbüro
zur Wahrnehmung der Rechte des Bauherrn. Dieses Ingenieurbüro war nun für die
Abnahme der fertiggestellten Bauteile verantwortlich. Um ein für beide Parteien
(Philipp Holzmann AG einerseits und der Bauherr anderseits), vernünftigen Umgang mit der Beseitigung von Unregelmäßigkeiten zu erzielen, wurde durch die Philipp Holzmann AG ein weiteres Büro eingeschaltet. Es wurde von der Bauherrenseite
als unabhängig akzeptiert.

Dieses unabhängige Ingenieurbüro war mit der Aufnahme und Verwaltung der Mängel im Zuge der Qualitätssicherung beauftragt. Bestandteil dieses Aufgabengebietes
war auch die Erfassung und Handhabung der Mängel durch EDV-Anlagen. Durch
diese Maßnahme verlor die Bauleitung mehr und mehr den Überblick über die vorhandenen Mängel. Aus diesem Gesichtspunkt heraus wurde versucht, die Mängelverwaltung durch die Bauleitung der Philipp Holzmann AG selber zu organisieren.
Das hierfür benötigte EDV-Programm wurde vom bereits erwähnten unabhängigen
Ingenieurbüro gestellt. Es erfolgte mittels einer Access-Datenbank. Dieses vorhandene Programm zur Mängelerfassung sollte in Zusammenarbeit mit der Bauleitung
der Philipp Holzmann AG überarbeitet und den Bedürfnissen der Baustelle angepaßt
werden.

Durch die große Zahl von anfallenden Unregelmäßigkeiten ist es notwendig, eine einheitliche Aufnahme und Handhabung anzustreben. In der Vergangenheit kamen Mängel auf verschiedenen Wegen zu den verantwortlichen Bauleitern. So meldeten nicht nur das vom Bauherrn eingesetzte Ingenieurbüro, sondern auch die Mieter, die Fachplaner der einzelnen Gewerke, das von Philipp Holzmann eingesetzte unabhängige Ingenieurbüro sowie natürlich auch die Fachbauleiter der einzelnen Auftragnehmer Mängel. Erschwerend bei dieser Art der Mängelerfassung war, daß jeder Erfasser einer Unregelmäßigkeit seine eigenen Formulare oder Tonträger hatte. So war es keine Seltenheit, daß Mängel mehrmals aufgeführt und erfaßt wurden, ohne erledigt zu sein.

4.4 Arbeit mit der Access-Datenbank

Der grundlegende Vorteil liegt darin, daß die gesamte Mängeleingabe von Seiten der Philipp Holzmann AG übernommen und gehandhabt wurde. Das unabhängige Ingenieurbüro, welches zuvor diese Aufgabe wahrnahm, übernahm nur noch eine Kontrollfunktion innerhalb des Mängelmangementes.

Beim vorliegenden Programm zur Mängelverwaltung handelt es sich um eine Anwendung des Datenbankprogrammes Microsoft Access 7.0, daß unter dem Betriebssystem Windows 95 läuft [15]. Das Programm ist als Einzelplatzsystem konzipiert und läuft auf jedem verwendeten Rechner, auf dem es installiert wird. Die aufzunehmenden Haustechnikmängel werden bei der Aufnahme separat eingegeben.

Nach dem Öffnen des Programmes auf der Windowsoberfläche und der Eingabe des
Namenskürzels des Eingebers erscheint das Hauptmenü:

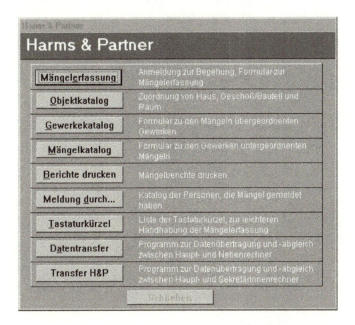

Durch Anklicken der einzelnen Schaltflächen können die erforderlichen Programm-
punkte aufgerufen werden. Bevor mit der Mängeleingabe begonnen werden kann,
müssen verschiedene Objektdaten angelegt werden. Auf dem Anlegen dieser Daten
basiert die gesamte Mängeleingabe. Die Eingabe erfolgt mit der Tastatur sowie mit
der Maus.

4.4.1 Objektkatalog :

Nach Anklicken des Feldes „Objektkatalog" im Hauptmenü erscheint folgendes
Fenster auf dem Bildschirm:

Die Reihenfolge der Eingabe ist nicht beliebig, da die Angaben aufeinander aufbau-
en. Die Ausgangsbasis bilden die Daten in der Tabelle „Haus" im Objektkatalog.
Anschließend müssen für jedes Haus die entsprechenden Geschosse eingegeben
werden, um dann geschoßweise die Räume zu vergeben. Nach der Eingabe kann man
den Objektkatalog verlassen, um weitere Daten zu vereinbaren.

4.4.2 Gewerkekatalog

Auf ähnliche Weise wie im Objektkatalog werden hier die Gewerke eingetragen.
Zuerst erfolgt die Eingabe des Gewerkes, dann der Firmenname und als letztes eine
dreistellige Nachunternehmernummer. Diese Nummer wurde von der Philipp Holzmann AG intern vergeben, um eine bessere Handhabung mit der Vielzahl der Nachunternehmer zu erreichen.

4.4.3 Meldung durch...:

Die letzte vorbereitende Maßnahme betrifft die Tabelle Meldung durch... , in der die Personen oder Gruppen bestimmt werden, die für die Meldung eines Mangels in Frage kommen. Diese können dann in der Mängelerfassung aufgerufen werden.

4.4.4 Mängelerfassung:

Unter diesem Programmpunkt erfolgt die eigentliche Eingabe der Mängel. Folgendes Fenster erscheint bei der Mängelerfassung auf dem Bildschirm:

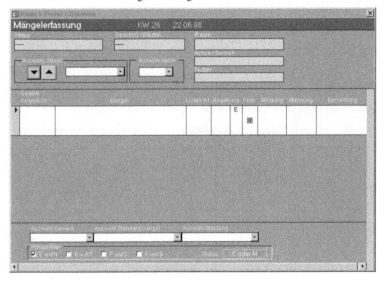

Alle vorhandenen Daten müssen für jeden einzelnen Mangel neu eingetragen bzw. aufgerufen werden. Neben der Wortgruppe „Auswahl Objekt" kann mit einem Mausklick auf den kleinen Pfeil rechts neben dem weißen Dropdownfeld ein Pulldown-Menü geöffnet werden. In diesem kann durch Scrollen, wiederum per Mausklick, eine Auswahl der vorher vereinbarten Werte getroffen werden [15]. Diese Pulldown-Liste ist bei einem Projekt dieser Größenordnung sehr umfangreich. Deshalb erfordert die Auswahl ein wenig Geduld. In den grau hinterlegten Feldern im oberen Teil der Eingabemaske erscheinen die Objektdaten, und mit der Mängeleingabe kann begonnen werden.

Als nächstes wird die Eingabezeile markiert und mit der Auswahl des Gewerkes fortgefahren. Dies geschieht unter dem Punkt „Auswahl Gewerk". Durch Anklicken des weiß hinterlegten Feldes mit der Maus wird der Cursor im Fenster aktiviert 14. Die Eingabe kann nun durch Scrollen in einem Pulldown-Menüs und über die Tastatur erfolgen. Der aufgerufene Punkt ist mit Return zu bestätigen.

Nun wird der Melder unter dem Punkt „Auswahl Meldung" auf dieselbe Art und Weise wie zuvor beschrieben eingegeben. Mit einem Doppelklick der rechten Maustaste im Feld „Mangel" kann jetzt der Text der vorhandenen Unregelmäßigkeit eingegeben werden.

Die Kalenderwoche und das Jahr der Begehung werden von der Access-Datenbank automatisch eingetragen. Dasselbe gilt für die Eingabe des Status`, wo ein E für erfaßt eingetragen wird. Sollte hier ein anderer Status nötig sein, so kann dieser manuell eingetragen werden. Vorhandene Statussymbole:

- **E** - erfaßt
- **B** - beseitigt
- **P** - Planung
- **K** - Kein Mangel
- **O** - nicht mehr prüffähig
- **N** - nicht erledigt
- **S** - strittig
- **G** - geprüft

4.4.5 Berichte Drucken

Nach dem Anklicken des Feldes „Berichte drucken" im Hauptmenü erscheint folgendes Fenster:

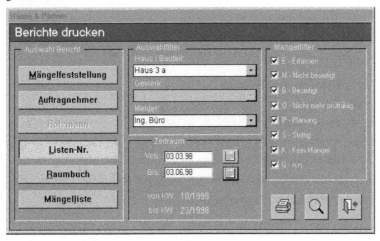

Es können fünf verschiedene Berichtsformen gedruckt werden. Die jeweilige Listenform wird durch Anklicken der Auswahlfilter unter Auswahl Berichte aktiviert. Für alle Berichte gelten folgende Bedingungen:

- Die Auswahl der Filter erfolgt mit Hilfe der Tastatur und der Maus.

- Der Zeitraum, der im ausgedruckten Bericht berücksichtigt werden soll, ist über die Eingabemöglichkeit im Feld „Zeitraum" frei wählbar [15].

- Nur nicht gesperrte Schaltflächen können ausgewählt werden. Die Auswahlfilter für Haus/Bauteil, Gewerk und Melder müssen von oben nach unten gewählt werden

4.4.6 Berichtsform Mängelfeststellung

Hierbei handelt es sich um einen nach vorhandenen Häusern sortierten Bericht, welcher in erster Linie für den Bauherrn, Bauherrenvertreter und für die interne Ablage des unabhängigen Ingenieurbüros gedacht ist.

4.4.7 Berichtsform Auftragnehmer

Bei der zweiten Berichtsform handelt es sich um eine nach Häusern und nach Gewerken sortierten Bericht. Zusätzlich zu den Filtern, die in der Mängelfeststellungsliste gesetzt werden können, hat man hier noch die Möglichkeit eines Filters für die Gewerke zur Auswahl. Wird kein Filter gesetzt, so wird der komplette Bericht nach Häusern und Gewerken sortiert ausgedruckt.

4.4.8 Berichtsform Listen-Nummer

Bei der dritten Möglichkeit der Berichtsform handelt es sich um eine nach Häusern und nach der eingegebenen Listen-Nummer sortierten Bericht. Wird kein Filter gesetzt, so wird der komplette Bericht nach Häusern und Gewerkenummern ausgedruckt.

4.4.9 Berichtsform Raumbuch

Hier besteht die Möglichkeit, ein Raumbuch von allen Räumen auszudrucken, in denen Mängel auftreten. Alle eingegebenen Räume und Bauteile werden nach Häusern und Raumnummern sortiert.

4.4.10 Berichtsform Mängelliste

Es besteht hier die Möglichkeit, eine Liste aller eingegebenen Mängel auszudrucken. Die Mängel werden hier gewerkeweise sortiert.

5. Auftretende Fehlerquellen und deren Analyse

5.1 Allgemeine Fehlerquellen

Mangelnde Sorgfalt, unzureichende Fachkenntnis und mangelnde handwerkliche Fertigkeiten sind die typischen Fehlerquellen bei der Ausführung der Bauleistung. Durch Auswahl, Zusammensetzung und Kontrolle des Arbeitspersonals, letztlich auch durch die Art der Kalkulation und Vergütung, muß der Bauunternehmer diese Fehlerquellen minimieren [6]. Zu den bereits erwähnten Gründen kommt noch hinzu, daß in der Baubranche ein immer härterer Konkurrenzkampf herrscht und der Termindruck auf den Bauunternehmer enorm ist. Der Zeitfaktor spielt bei der Errichtung von Neubauten eine immer größere Rolle. Möglichst knapp kalkulierte Festpreise führen dazu, an vielen Details zu sparen [6]. Der extreme wirtschaftliche Druck auf Bauunternehmen geht soweit, daß diese bestrebt sind, in äußerst rationeller Form mit billigsten Arbeitskräften im Rahmen der Angebotspreise zu arbeiten [6].

Die einzelnen Bauunternehmer müssen schon vor Erteilung des Auftrages bestrebt sein, z.b. durch Alternativvorschläge in den Angeboten, sich gegen ihre Konkurrenz zu behaupten. Jeder Bauunternehmer sollte einen festen Stamm an Arbeitskräften und Führungspersonal beschäftigen. Qualitätsverluste sollten nicht geduldet werden, nur um kostengünstig zu bauen.

5.2 Ziel der Fehlerbeseitigung

Ein Bauschaden stellt regelmäßig für alle am Bau Beteiligten eine Störung dar. Einerseits werden der Wert oder die Nutzbarkeit des Gebäudes dadurch beeinträchtigt, anderseits entstehen den Gewährleistungspflichtigen Aufwendungen, ggf. besteht die Gefahr einer Beeinträchtigung ihres Rufes. Darüber hinaus verursachen Bauschäden vielfach auch psychische Belastungen wegen des daraus erwachsenden Ärgers und des zeitlichen und seelischen Aufwandes [6]. Daher kann angenommen werden, daß das Ziel aller Bemühungen darin besteht, im Falle eines Bauschadens diesen möglichst nachhaltig zu beseitigen und den ursprünglich beabsichtigten Zustand des Gebäudes möglichst schnell herbeizuführen [6]. Allgemein kann man von drei Punkten der Zielsetzung ausgehen:

1. Das Gebäude soll nach erfolgter Nachbesserung die vertraglich gesicherten Eigenschaften aufweisen.

2. Das Bauwerk sollte nach der Beseitigung frei von Fehlern sein, die den Wert oder die Tauglichkeit zu dem gewöhnlichen oder dem vertraglich vereinbarten Zweck aufheben oder mindern.

3. Das nachgebesserte Gebäude soll auch den allgemein anerkannten Regeln der Bautechnik entsprechen.

5.3 Statistiken zur Fehleruntersuchung

Um einen Überblick über die vorhandenen Mängel auf der Baustelle zu erhalten, wurde eine Fehleranalyse durchgeführt. Hierbei wurden 3.000 Mängel untersucht und nach 11 verschiedenen Gewerken unterteilt.

Gewerk	Anzahl der Fehler	Prozentualer Anteil
Beton-u.Stahlbeton	121	4,00
Abdichtungen	75	2,50
Schlosser/Stahlbau	203	6,80
Putz	32	1,10
Fliesen-u.Platten	223	7,40
Estrich	159	5,30
Maler	181	6,00
Trockenbau	923	30,80
Haustechnik	737	24,60
Maurerarbeiten	10	0,30
Reinigung	305	10,20
Sonstige	31	1,00
Summe:	**3.000**	**100,00**

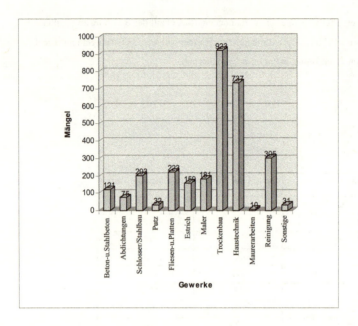

Es fällt auf, daß nach Analyse von 3.000 Mängeln die größte Zahl von Fehlern bei den Ausbaugewerken Trockenbau und Haustechnik auftreten. Die Gründe für diese außerordentlich hohe Fehlerquote sind breit gefächert und lassen sich nicht vollständig aufklären.

Gewerk Trockenbau: Der Innenausbau der Häuser am City Carré soll den verschiedenen Mieterwünschen schnell und flexibel angepaßt werden können. Deshalb werden sämtliche nichttragende Trennwände aus Metallständerwänden mit Gipskartonbeplankung hergestellt. Der Trockenbau macht insgesamt einen großen Anteil des gesamten Ausbaus aus. So sind auch alle Deckensysteme, welche hier zahlreich zur Anwendung kamen, von den Trockenbaufirmen ausgeführt. Trotz des Sachverhaltes, daß ein Großteil des Ausbaues in Trockenbauweise ausgeführt wird, handelt es sich um eine sehr hohe Anzahl von Unregelmäßigkeiten. Eine teilweise mangelhafte Ausführung der beauftragten Unternehmen ist der Grund, welcher die Fehlerquote nach oben treibt. Bei einem Großteil der Trockenbauarbeiten ist es von entscheidender Bedeutung, sehr genau zu arbeiten und bestehende Konstruktionsregeln einzuhalten. Somit kann davon ausgegangen werden, daß ein nicht unerheblicher Teil der Mängel auf Unwissenheit, Nachlässigkeit und Bequemlichkeit der ausführenden Unternehmen zurückzuführen ist. Entweder ist der Informationsfluß innerhalb des Unternehmens nicht gewährleistet, so daß die notwendigen Informationen nicht an die Basis gelangen oder die mangelhafte Ausführung wird wider besseres Wissen einfach ignoriert. Durch diesen Sachverhalt entstehen dem Trockenbauunternehmen erhebliche Mehrkosten oder Minderung der Schlußzahlungen, die bei der Anzahl der Mängel schwerwiegende wirtschaftliche Konsequenzen nach sich ziehen können.

Gewerk Haustechnik: Die Gewerke der Haustechnik sind bei fast allen Bauvorhaben von einer hohen Anzahl an Mängeln gekennzeichnet. Die Ursachen liegen hierbei vor allem in einer schlechten und zu späten Planung seitens der dafür zuständigen Ingenieurbüros. In vielen Fällen läuft die Planung der Ausführung um Wochen hinterher, da die Planung für die Haustechnik erst viel zu spät begonnen wurde. Desweiteren sind die Ausführungspläne oftmals derart mangelhaft vermaßt, konstruiert und dargestellt, daß selbst erfahrene Fachingenieure Schwierigkeiten bei der Auswertung und der Umsetzung haben. Die Konsequenz daraus ist, daß die ausführenden Unternehmen gezwungen sind, ohne Pläne oder nur mit Vorabzügen zu arbeiten. In Einzelfällen versuchen die Nachunternehmer, die Planung selbst durchzuführen, was zusätzliche Fehlerquellen in sich birgt. Beispiele dafür sind-Lüftungskanäle am Übergang zwischen zwei benachbarten Räumen werden nicht mit einem Brandschutzschott versehen-Elektrokabel werden nicht auf den dafür vorgesehenen Trassen verlegt-Zuluftrohre werden nicht wärmegedämmt-Wanddurchbrüche werden nicht ordnungsgemäß geschlossen.

Speziell bei den Haustechnikgewerken ist der Generalunternehmer in hohem Maße an der Entstehung der Mängel beteiligt. Nach Fertigstellung des Rohbaues wurde die Planung der Haustechnik stark vernachlässigt [16]. Da die Zwischen-und Endtermine jedoch eingehalten werden mußten, eine Verschiebung dieser Termine hätte hohe Vertragsstrafen nach sich gezogen, wurde das Bauvorhaben ohne das Vorliegen aktueller Ausführungszeichnungen vorangetrieben. Dem Terminaspekt wurde auf Kosten der Qualität Vorrang gegeben. Nun werden erhebliche Nachbesserungsmaßnahmen notwendig, um die angestrebte Qualität zu erreichen.

5.4 Ursachen der Mängel [16]

Grafik 4: Grundlage der Untersuchung waren 3.000 Mängel

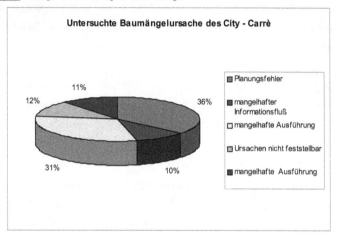

Untersuchte Baumängelursache des City - Carrè

11%
12%
36%
31%
10%

☐ Planungsfehler

■ mangelhafter Informationsfluß

☐ mangelhafte Ausführung

☐ Ursachen nicht feststellbar

■ mangelhafte Ausführung

Aus dem Diagramm sind die Ursachen der Mängel auf der Baustelle City Carrè ersichtlich. Der größte Teil der Mängel geht auf eine fehlerhafte Planung zurück. Eine mangelhafte Ausführung ist dagegen die Ursache für nur 31 % der Mängel.

5.5 Stand der Mängelabarbeitung auf der Baustelle

Nach einer Untersuchung von 3.000 Mängeln

	Anzahl der Mängel	Prozentualer Anteil
Nicht mehr feststellbar	310	10,33%
Beseitigt	1053	35,10%
Nicht beseitigt	1637	54,57%

Grafik 5:

Es ist zu sehen, daß über 50% der aufgenommenen Mängel noch nicht abgearbeitet sind. Rund ein Drittel der Unregelmäßigkeiten sind bereits abgearbeitet, und etwa 10% sind nicht mehr feststellbar.

5.6 Fehler in der Mangelabarbeitung auf der Baustelle City Carrè Magdeburg

Eine mangelhafte Qualität und damit verbundene Verluste von Bauvorhaben sind zu einem großen Teil auf Fehler der am Bau beteiligten Personen zurückzuführen. Diese Fehler werden aber von den Unternehmen oftmals nicht als solche erkannt und folglich nur unzureichend untersucht. Hinzu kommt der enorme Termin-und Kostendruck, der es den Unternehmen erschwert, eine strukturierte Fehlersuche zu betreiben. Fertigstellungstermine und wirtschaftlich gesteckte Ziele sind die Hauptgründe, um über vorhandene Fehler hinwegzuschauen [16]. Erst wenn eines der beiden Ziele nicht erreicht wird, sieht man sich gezwungen, die Ursachen genauer zu erforschen [16]. Dies ist aber im Sinne der Qualitätssicherung von Bauvorhaben viel zu spät. Die Folgen sind eine Anhäufung von Schäden und Mängeln am entstandenen Bauwerk.

Beim Bauvorhaben am Bahnhofsvorplatz in Magdeburg kam es zu einer sehr hohen Zahl von Mängeln, was zum einen an der Größe des Bauprojekts liegt (siehe 3.). Anderseits sind prozentual zur Bausumme die vorhandenen Mängel nach einer Schätzung etwas höher als im Mittel auf vergleichbaren Baustellen. (Aus Datenschutzgründen können hierzu keine genaueren Angaben gemacht werden.) Die Ursachen für diesen Umstand sind vielseitig, eine genauere Untersuchung wäre für die Zukunft sicherlich sinnvoll. Nur wenn Ursachen für die auftretenden Mängel analysiert werden, können für die Zukunft Lehren aus den aufgetretenen Fehlern gezogen werden. Einige Aspekte sollen hier genannt werden.

Für die Größe des Bauvorhabens sind in der Bauleitung der Philipp Holzmann AG sicherlich zu wenig Bauleiter beschäftigt. Dadurch haben sie häufig einen sehr großen Aufgabenbereich, was sich negativ auf die Kontrollfunktion auswirkt. Der Grund sind die Kosten, die durch diese Maßnahme gespart werden. Jedes Unternehmen muß in der Zeit der jetzt vorherrschenden Rezession in der Bauwirtschaft darum bemüht sein, kostensparend zu arbeiten. Oft ist es nicht möglich, Mängel vor der Begehung mit der abschließenden Abnahme zu erkennen bzw. zu beseitigen. Ziel der Philipp Holzmann AG sollte es natürlich sein, bei der Abnahme durch den Bauherrnvertreter eine möglichst geringe Anzahl von Mängeln zu erreichen. Eine ständige Kontrolle, z.B. durch Rundgänge am Ende eines jeden Arbeitstages, müssen Bestandteil im Tagesablauf eines jeden Bauleiters werden. Bei der Größe der zu betreuenden Bauteile nehmen solche Maßnahmen natürlich eine erhebliche Zeit in Anspruch.

Die Kommunikation der Bauleiter mit den auf der Baustelle verantwortlichen Fachbauleitern der Nachunternehmer funktioniert sehr schlecht oder nur mangelhaft. In den Verträgen der Nachunternehmer ist verankert, daß sie die Ansprechpartner für auftretende Probleme sind. Alle Projektbeteiligten müssen als kooperativ arbeitendes Team bedingungslos das gemeinsame Ziel verfolgen. Dabei muß jedem klar sein, daß er für die Qualität seiner Leistungen verantwortlich ist. Um dieses zu gewährleisten, wurden die Verträge in dieser Form geschlossen. Man muß den Druck auf die Nachunternehmer erhöhen, um sie so zu ihrer Aufsichtspflicht zu zwingen. Häufig sind die Fachbauleiter nicht vor Ort, um Lösungen für Konfliktpunkte zu finden, da sie mehrere Baustellen gleichzeitig betreuen. Besonders gravierend ist dieser Punkt, wenn die beauftragten Nachunternehmer ihrerseits den Auftrag oder Teile des Auftrages an Subunternehmer vergeben.

Die Projektgemeinschaft City Carrè läßt den Nachunternehmern einen zu großen Spielraum inerhalb der Mängelabarbeitung. Oft verstreichen die gesetzten Fristen der Mahnungen ohne Reaktion der Nachunternehmer. Häufig betrifft das gerade die Nachunternehmer, die eine sehr hohe Zahl von Unregelmäßigkeiten aufweisen. Philipp Holzmann müßte hier ein Exempel statuieren und einem Nachunternehmer den Auftrag entziehen. Laut VOB/B (siehe 2.4) kann der Auftraggeber „nach fruchtlosem Ablauf der Frist" den Auftrag entziehen. Die Moral der verbleibenden Subunternehmer bei der Beseitigung ihrer Mängel würde dadurch sicherlich ebenfalls gehoben werden.

Ein weiterer Punkt bei der Mängelproblematik, und damit der Qualitätssicherung, ist das Qualitätsmanagementssystem der Baustelle, welches unzureichend zum Tragen kommt. Mit Qualitatsmangement weist ein Unternehmen nach, daß alle technischen, organisatorischen und kaufmännischen Maßnahmen ergriffen werden, um Leistungen in der vom Kunden gewünschten Qualität zu erbringen [18]. Was nützt ein auf dem Papier vorhandenes System, wenn es in der Praxis nur ungenügend bzw. gar nicht zum Einsatz kommt? Gerade bei einem Konzern wie der Philipp Holzmann AG, die mit Projekten dieser Größenordnung Erfahrungen besitzt, müßten solche Probleme ausreichend bekannt sein. Qualitätssicherung bzw. Qualitätsmanagement, sind systematisch geplante Tätigkeiten und Prüfungen mit hauptsächlich vorbeugen-

dem Charakter unter geregelter Verantwortlichkeit mit dem Ziel, festgelegte Qualitätsanforderungen sicher erfüllen zu können [4]. Das Ziel ist, es in erster Linie die
Einsparung von Kosten durch optimale Arbeitsabläufe zu erreichen [18]. Auf der
Baustelle am Bahnhofvorplatz, mit einer Vielzahl von Schnittstellen, wäre es gerade
von entscheidender Bedeutung, diese Grundsätze zu beachten.

5.7 Grobe Kostenanalyse des Mängelmanagements

Eine möglichst genaue Kostenschätzung des Mängelmanagements auf der Baustelle
City Carre zu erstellen ist schwierig, da die hier verwendeten Werte fast ausschließ-
lich auf Annahmen beruhen müssen.

Zeitraum der Mängelbearbeitung: Baubeginn war im August 1995, und die voraus-
sichtliche Fertigstellung soll im Herbst 1999 sein. Einerseits beginnt das Auftreten
von Mängeln und deren Erkennung nicht mit dem Baubeginn, also kann davon ausgegangen werden, daß dies auch für das Mängelmanagement zutrifft. Anderseits ist
mit der Fertigstellung aller Bauteile das Mängelmanagement nicht beendet. Vielmehr
wird das Abarbeiten von Unregelmäßigkeiten auch noch eine gewisse Zeit nach der
Fertigstellung zu den Aufgaben der Verantwortlichen zählen. Die Annahme, die geplante Bauzeit auch als Zeit für die Arbeit des Mängelmanagementes zu betrachten,
erscheint so realistisch. Von August 1995 bis zum Dezember 1999 sind dies 52 Monate.

Beschäftigte: Jeder Bauleiter, der die Verantwortung für einen bestimmten Bauab-
schnitt besitzt, muß einen Teil seiner Zeit für die Abarbeitung von Mängeln einpla-
nen. Diese Zeit beträgt im Durchschnitt etwa zwei Stunden pro Tag. Bei einer Annahme von zehn Arbeitsstunden pro Tag macht das 20% der gesamten Arbeitszeit
und damit auch der Gesamtkosten eines Bauleiters aus. Für die Baustelle City Carrè
betrifft das acht Bauleiter. Desweiteren sind mit der Mangelverwaltung eine weitere
Bauingenieurin, eine Sekretärin und eine Sachbearbeiterin vollbeschäftigt. Auch
Praktikanten werden für die Mängelbearbeitung bei der Philipp Holzmann einge-

setzt. Das von Philipp Holzmann beauftragte unabhängige Ingenieurbüro ist ständig mit zwei Ingenieuren auf der Baustelle vertreten.

Kosten: Bei den Kosten geht man von 120.000 DM Jahresgehalt für einen Bauleiter aus. Für das unabhängige Ingenieurbüro werden 350.000 DM monatlich angenommen. Das Jahresgehalt einer Sekretärin beträgt ca. 60.000 DM und das einer Sachbearbeiterin beträgt ca. 80.000 DM. Für den Einsatz der Praktikanten werden 12.000 DM pauschal veranschlagt.

Rechnung:

Anzahl der Mitarbeiter	Personal	Zeitaufwand %	Kosten DM/a
8	Bauleiter	20	192.000,00
2	Bauingenieure	100	350.000,00
1	Bauingenieurin	100	120.000,00
1	Sekretärin	100	60.000,00
1	Sachbearbeiterin	100	80.000,00
1	Praktikant	100	12.000,00
Summe			814.000,00

Bezogen auf die Gesamtbausumme ergibt sich:

52 Monate = 4,333 Jahre

814.000 x 4,333 Jahre = 3.527.062 DM = 3,527 Millionen DM

$$\frac{600 \text{ Millionen DM Gesamtbausumme}}{100\,\%} = \frac{3,527 \text{ Millionen für Mängelmanagement}}{X}$$

X = 0,588 % der Gesamtbausumme

Die Personalkosten innerhalb der Bauleitung betragen ca. 0,6 % der Gesamtbausumme des Projektes. Dazu kommen noch verschiedene andere Kosten, welche bei dieser Rechnung unberücksichtigt blieben, z.B. Kosten für die notwendigen Computer und natürlich die für diese Baustelle entwickelte Access-Datenbank. Unberücksichtigt bleiben hier die eigentlichen Kosten für die Mängelbeseitigung auf der Baustelle, z.b. Material-und Personalkosten. Mit der überschlägigen Ermittlung der 3,5 Millionen DM, ist noch nicht ein einziger Mangel abgearbeitet. Aus Gründen des Datenschutzes kann leider keine Rechnung über die hierbei entstehenden Kosten aufgestellt werden.

6.Handbuch: Das Excel-Programm zur Mängelverwaltung

6.1 Programmbeschreibung

Beim dem hier vorliegenden Programm zur Mängelverwaltung handelt es sich um eine Anwendung auf der Grundlage des Tabellenkalkulationsprogrammes Excel 7.0, das unter dem Betriebssystem Windows 95 läuft. Programmiert ist das Programm mit der Programmiersprache Visual Basic für Applikationen.

6.2 Starten des Programmes

Gestartet wird das Programm durch einen Doppelklick im Explorer oder nach dem Aufrufen von Excel und Angabe der Quelle. Im Normalfall ist das die Festplatte C oder das Laufwerk A. Alle Eintragungen erfolgen mit der Maus, der Tastatur und über Tastenkombinationen wie bei jeder anderen Excelanwendung. Als erstes erscheint folgendes Fenster:

Im gelb hinterlegten Feld oben kann die Projektbezeichnung bzw. der Name der aktuellen Baustelle eingetragen werden. Hier handelt es sich um die Baustelle City Carré Magdeburg.

Unter dem Feld mit der Projektbezeichnung erscheint ein weiteres Feld, welches allerdings weiß hinterlegt ist und lediglich den Namen des Programmes und des Programmierers enthält. Bei jedem Öffnen der Mängelverwaltung erscheint diese Seite und erfüllt in erster Linie einen optischen Zweck. Die eingetragene Projektbezeichnung erscheint bei jedem Listenausdruck in der oberen linken Ecke.

In der oben eingeblendeten Menüleiste erscheint zu den allgemein üblichen Anwendungen das Wort „Mängelverwaltung". Alle notwendigen Eingaben, die zur Verwendung des Programmes erforderlich sind, können nach dem Aufrufen dieses Punktes eingegeben werden. Nach dem Anklicken oder dem Benutzen der Tastenkombination Alt-M erscheinen die oben sichtbaren Auswahlmöglichkeiten.

Als vorbereitende Maßnahme müssen alle Objektdaten erfaßt werden, um eine Mängeleingabe als solches zu ermöglichen. Dies geschieht unter dem Punkt „Daten erfassen". Hier erscheinen nun folgende Auswahlmöglichkeiten:

Haus/Bereich

Geschoß

Gewerke

Auftragnehmer

Melder

6.3 Haus/Bauteil

Die Objektdaten müssen der Reihenfolge nach eingetragen werden, da sie aufeinander aufbauen. Es wird also mit der Eingabe Haus/Bereich begonnen. Es erscheint folgendes Fenster nach dem Anklicken:

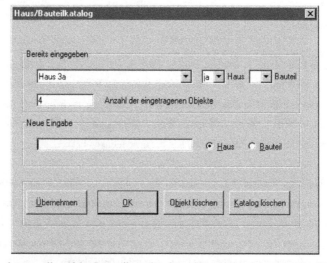

Hier können alle auf der Baustelle vorhandenen Häuser eingetragen werden. Diese Eintragung kann am Anfang der Baustelle erfolgen oder auch während der Baumaßnahme z.B. nach Baufortschritt.

Der obere Teil des Fensters, unter der Wortgruppe „ Bereits eingegeben", dient nur der Kontrolle. Hier wird sichtbar, welche Häuser oder Bauteile schon im Katalog vorhanden sind und wie viele Eintragungen vorgenommen wurden. Hierfür steht ein Dropdownfeld zur Verfügung. Mit dem Anklicken der Pfeiltaste werden alle eingetragenen Objekte sichtbar.

Die gewünschten Objekte, die in den Objektkatalog eingehen sollen, werden unter dem Punkt „Neue Eingabe" in das weiß hinterlegte Feld eingetragen. Da es sich, wie bereits erwähnt, nicht nur um unterschiedliche Häuser handeln kann, sondern auch um unterschiedliche Bauteile, wird dies in einem separaten Optionsfeld eingetragen. Diese Eintragung wird durch ein einfaches Anklicken mit der Maus erreicht. Beim Aufrufen des entsprechenden Objektes erscheint in einem Kontrollkästchen, im oberen Bereich, ein „ja", entweder für Haus oder Bauteil. Es kann also jederzeit unterschieden werden, ob es sich um ein Haus oder um ein Bauteil handelt. Im Normalfall sollte der Eingeber den Unterschied kennen, doch durch diese Kontrollmöglichkeit kann die Aufgabe auch an Mitarbeiter übertragen werden, die nur begrenzt mit dem Baugeschehen vertraut sind. Dieser Vorgang wird mit dem Anklicken des Feldes „Übernehmen" abgeschlossen. So wird die Eingabe in eine nicht sichtbare Tabelle übernommen, auf welcher die VBA Programmierung basiert. Sollte trotz der zuvor erwähnten Kontrollmöglichkeit ein Doppeleintrag erfolgen, erscheint eine Fehlermeldung:

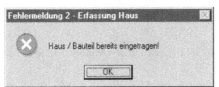

Diese Fehlermeldung wird einfach durch das Anklicken der Schaltfläche „OK" oder ein Drücken der Returntaste bestätigt, und es kann mit der Bearbeitung fortgefahren werden. Dadurch ist gewährleistet, daß jede Eintragung nur einmal vorgenommen werden kann.

Die Schaltfläche „OK" wird verwendet zum Verlassen des Haus/Bauteil-Kataloges. Beim Betätigen der Schaltfläche „Katalog löschen" wird der gesamte Katalog gelöscht. Dieser Vorgang kann nicht wieder rückgängig gemacht werden. Aus diesem

Grunde erscheint beim Anklicken des Feldes „Katalog löschen" eine Warnmeldung, nur nach Bestätigung dieser wird der gesamte Katalog gelöscht. Die Warnmeldung hat folgendes Aussehen:

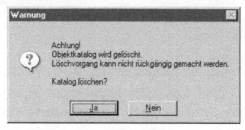

Es ist auch möglich, mit der Schaltfläche „Objekt löschen", einzelne Objekte zu löschen. Das zu löschende Haus oder Bauteil wird aufgerufen und die Schaltfläche angeklickt. Vor dem Löschen erscheint eine Warnmeldung:

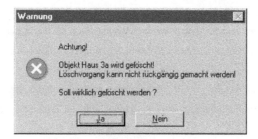

Nach dem Anklicken der Schaltfläche „Ja" erscheint ein Fenster mit der Bestätigung des Löschvorganges:

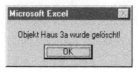

6.4 Geschoß

Nach dem Eintragen der Häuser und Bauteile kann mit dem Erfassen der einzelnen Geschosse fortgefahren werden. Hierfür wird auf die selbe Art wie beim Objektkatalog über die Menüleiste das entsprechende Fenster mit dem Namen „Geschoß" geöffnet. Es erscheint folgende Maske auf dem Bildschirm:

Bevor das Geschoß eingetragen werden kann, muß das entsprechende Haus oder das entsprechende Bauteil aufgerufen werden. Das geschieht mit Hilfe eines Dropdownfeldes unterhalb der Aufforderung „Haus/Bauteil auswählen". Durch Scrollen kann im weiß hinterlegten Pulldown-Menü das gewünschte Haus aufgerufen werden. Hier kann auf die zuvor eingetragenen Werte zurückgegriffen werden. Ähnlich wie im Katalog „Haus/Bauteil" wird in einem Dropdownfeld angezeigt, ob es sich um ein Haus oder um ein Bauteil handelt. Unter der Wortgruppe „Geschoß eintragen" werden in das weiß hinterlegte Feld die Geschosse eingetragen. Auch beim Eintrag der Geschosse muß der Vorgang mit „Übernehmen" abgeschlossen werden. Es bietet sich an, mit den Untergeschossen zu beginnen, um bei der späteren Mängeleingabe ein leichteres Handhaben zu ermöglichen, da dort nach der Reihenfolge der Eingaben aufgerufen werden kann. Sollte es hier zu einem Doppeleintrag kommen, erscheint ebenfalls eine Fehlermeldung, die folgendes Aussehen besitzt:

Die Handhabung der Fehlermeldung erfolgt wie im Kapitel Haus/Bauteil bereits beschrieben.

Das Feld „OK" hat die selbe Bedeutung, die sie im Katalog „Haus/Bauteil" besitzt. Soll der Geschoß-Katalog gelöscht werden, erscheint genau wie im Katalog zuvor, nach dem Anklicken der Schaltfläche „Katalog löschen", ein Warnhinweis mit folgendem Aussehen:

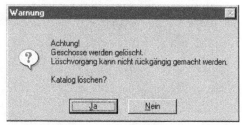

Die Handhabung der Löschvorgänge „Katalog löschen" und „Geschoß löschen" erfolgt wie zuvor beschrieben.

6.5 Daten löschen

Zum Löschen der Angaben der Häuser bzw. Bauteile und der Geschosse steht ein separater Punkt zur Verfügung. Nach dem Aufruf „Mängelerfassung" in der Menüleiste unter dem Punkt „Daten löschen" können dieselben Löschvorgänge wie zuvor beschrieben durchgeführt werden.

6.6 Gewerke

Als nächste vorbereitende Maßnahme, um dieses Programm anwenden zu können, müssen die Gewerke eingetragen werden. Auch hier wird wieder in der Menüleiste der Punkt „Mängelverwaltung" aufgerufen. Unter „Daten erfassen" wird nun allerdings das Wort „Gewerke" aufgerufen. Es erscheint folgende Eingabemaske:

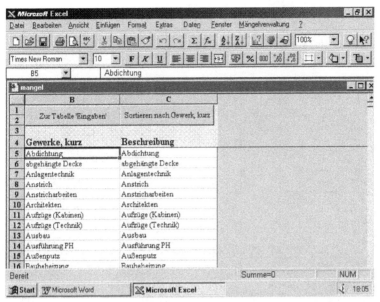

Um ein neues Gewerk einzutragen, wird in der Spalte „Gewerke, kurz" der entsprechende Name eingetragen. In die Spalte „Beschreibung" kann noch eine kurze Beschreibung des Gewerkes erfolgen. Mit der Schaltfläche „Sortierung nach Gewerk, kurz" kann das neue Gewerk in die entsprechende Spalte einsortiert werden. Mit dem Anklicken der Schaltfläche „Zur Tabelle 'Eingaben'" kehrt man zur Ausgangstabelle zurück.

6.7 Auftragnehmer

Sind alle notwendigen Gewerke eingetragen, welche für das Bauobjekt notwendig sind, kann mit dem Eintrag der Auftragnehmer fortgefahren werden. Nach dem Aufrufen dieses Punktes erscheint folgendes Fenster:

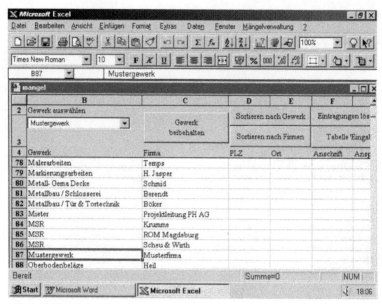

Hier werden alle am Bauvorhaben beteiligten Firmen den zuvor eingetragen Gewerken zugeordnet Mit Hilfe eines Dropdownfeldes kann unter dem Schriftzug „Gewerk auswählen" ein zur Eintragung benötigtes Gewerk durch Scrollen ausgewählt werden. Auf alle zuvor im Gewerkekatalog unter „Gewerke, kurz" eingetragenen Werte kann hierbei zurückgegriffen werden. Ist ein Gewerk ausgewählt, erscheint in der Spalte „Gewerk" die zuvor unter „Beschreibung" eingetragenen Angaben. In der Spalte rechts neben den nun eingetragenen Gewerken wird die ausführende Firma eingetragen. Gibt es für ein Gewerk eine Mehrzahl von Nachunternehmern, so kann die Eingabe durch die Schaltfläche „Gewerk beibehalten" erleichtert werden. Nach dem Anklicken dieser Schaltfläche erscheint dasselbe Gewerk erneut.

Um gleich einen kompletten Überblick über eine oft nicht unerhebliche Zahl von Nachunternehmern zu erhalten, kann außerdem die komplette Adresse eingetragen werden, sowie der zuständige Ansprechpartner mit der dazugehörigen Telefonnummer. Bei Bedarf kann die Tabelle auch erweitert werden. Treten Probleme bei der Abarbeitung der Mängel auf, kann dadurch eine schnelle Klärung von Unklarheiten erreicht werden. Bei der späteren Mängeleingabe können die Firmen dann problemlos aufgerufen werden.

Die Tabelle „Auftragnehmer" kann wahlweise nach Gewerken oder Firmen sortiert werden. Bei der späteren Eingabe ist dies von Vorteil. So kann je nach Kenntnisstand des Eingebers entschieden werden, welche Sortierung eine schnellere Eingabe ermöglicht. Alle in dieser Tabelle zusammengehörenden Werte werden mitsortiert, so daß die Datensätze nicht vertauscht werden können. Hierfür werden die entsprechenden Schaltflächen „Sortieren nach Gewerk" oder „Sortieren nach Firmen" angeklickt.

Mit der Schaltfläche „Eintragungen löschen" können die gesamten Daten gelöscht werden. Es erscheint folgende Warntafel, um einen ungewollten Vorgang zu verhindern:

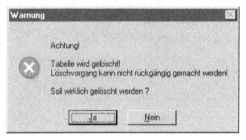

Bei Verwendung der Schaltfläche „Tabelle `Eingabe`" kehrt man zur Ausgangstabelle zurück.

6.8 Melder

Über den Eingabefad Menüleiste „Mängelverwaltung", „Daten erfassen" und dem Unterpunkt „Melder" öffnet sich folgendes Fenster:

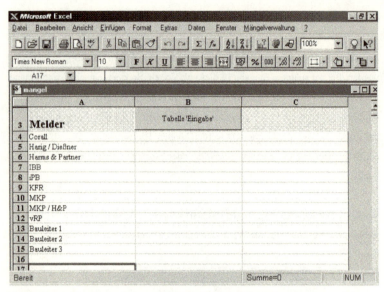

Unter diesem Eingabepunkt können alle für die Mängelaufnahme verantwortlichen Melder vereinbart werden, dies können einzelne Bauleiter, entsprechende Fachplaner oder auch der Bauherr sein. So kann jeder auftretende Mangel auch nach unterschiedlichen Meldern unterschieden werden. Außer dem eigentlichen Melder können nach Bedarf, ähnlich wie unter dem Punkt „Auftragnehmer", auch noch weitere Angaben eingetragen werden.

Mit dem Anklicken der Schaltfläche „'Eingabe'" kehrt man zum Ausgangsblatt des Programmes zurück.

Mit dem Schließen der Tabelle „Melder" sind alle notwendigen Daten erfaßt, und es kann mit der Eingabe der Mängel begonnen werden. In der Regel werden die Daten unter dem Punkt „Daten erfassen" am Anfang eines Bauvorhabens einmalig und komplett eingegeben. So handelt es sich hier um einen einmaligen Zeitaufwand. Spätere Eingaben und Änderungen können natürlich jederzeit vorgenommen werden, um die vorhandenen Daten stets auf den neuesten Stand zu bringen.

6.9 Mängel erfassen

Um die Mängel erfassen zu können, muß in ähnlicher Weise, wie zuvor bei der Datenerfassung, die „Mängelverwaltung" in der Menüleiste geöffnet werden. Auch hier kann mit der Maus oder Tastenkombination Alt-M verfahren werden. Danach wird unter dem Fad „Mängel" und „Mängel erfassen" weiter verfahren. Es erscheint nach dem Aufrufen folgende Eingabemaske:

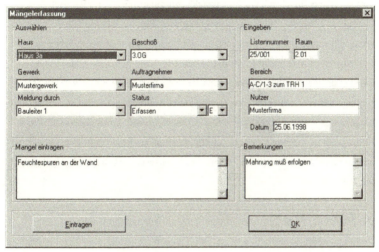

Unter dem Oberpunkt „Auswählen" kann auf alle zuvor eingegebenen Werte, die unter dem Punkt „Daten erfassen" aufgenommen wurden zurückgegriffen werden. Die Reihenfolge der Eingaben ist beliebig wählbar.

Sinnvoll erscheint es mit der Eingabe des Hauses zu beginnen. Hier steht unter dem Wort „Haus" ein weiß hinterlegtes Dropdownfeld zur Verfügung. Durch Anklicken des entsprechenden Pfeiles und Scrollen, kann zwischen den zuvor unter „Haus/Bauteil" eingegebenen Werten ausgewählt werden. Automatisch erscheint im Feld für die Geschoßeingabe jenes Geschoß, welches als erstes im Geschoßkatalog eingegeben wurde. Besonders bei Häusern mit einer großen Anzahl von Geschossen macht sich hier ein Einhalten der Reihenfolge bemerkbar (siehe Abschnitt Geschoß). Die Auswahl erfolgt ebenfalls über ein Dropdownfeld, welches sich hier unter dem

Wort „Geschoß" befindet. Durch Scrollen nach dem Anklicken des entsprechenden Pfeiles kann auch hier ausgewählt werden.

Nun kann im Dropdownfeld unter dem Wort „Gewerk" das für den Mangel zuständige Gewerk ausgewählt werden, dies geschieht auf dieselbe Weise wie bei der Auswahl des Hauses oder des Geschosses. Unter allen zuvor vereinbarten Gewerken kann auch hier gewählt werden. Rechts neben dem Dropdownfeld für die Eingabe der Gewerke befindet sich das Eingabefeld „Auftragnehmer", welches nach dem Eintrag des Gewerkes automatisch vergeben wird. Es kann hier auch die Reihenfolge vertauscht werden, d.h. es kann auch mit der Eingabe des Auftragnehmers begonnen werden, und es wird ein Gewerk zugeordnet. Dies liegt im Ermessen des Eingebers. Eine der beiden Angaben Auftragnehmer oder Gewerk sind in alphabetischer Reihenfolge sortiert (siehe Erläuterung unter Punkt Auftragnehmer) und erleichtern eine Eingabe wesentlich. Sollten für ein Gewerk mehrere Auftragnehmer oder für einen Auftragnehmer mehrere Gewerke zutreffen, so muß an dieser Stelle eine klare Unterscheidung erfolgen. Durch eine entsprechende Auswahl im betreffenden Pulldown-Menü.

Der Melder des entsprechenden Mangels, kann wiederum mit Hilfe eines Dropdownfeldes ausgewählt werden. Die Handhabung erfolgt wie zuvor beschrieben durch Scrollen der einzelnen Melder unter dem Punkt „Meldung durch".

Das Feld zur Eingabe des Status` ist zweigeteilt. Das links befindliche Feld enthält den Status in ausgeschriebener Form, das rechts liegende Feld enthält die Abkürzung des Status` als Statussymbol, der auch in den später verwendeten Listen verwendet wird. Beide Felder sind miteinander verknüpft. Es ist so nur eine Angabe nötig, da jedem Status ein Buchstabe zugeordnet ist. Damit ist die Anwendung auch für diejenigen gewährleistet, die mit den Statussymbolen noch nicht ausreichend vertraut sind.

Folgende Statussymbole stehen zur Verfügung:

•**E** = Erfassen

•**B** = Beseitigt

•**P** = Planung

•**K** = kein Mangel

•**N** = nicht erledigte Mängel

•**O** = nicht mehr prüffähig

•**S** = Strittig

•**G** = Geprüft (z.b. für einen eventuellen Bauherrn)

Unter dem Punkt „Eingeben" können nun alle Daten eingetragen werden, um die genaue Lage des Mangels zu definieren. Die Eintragungen sind abhängig von den auf der Baustelle üblichen Abnahmegegebenheiten. Es ist zu empfehlen, einheitliche Protokolle zu verwenden, in denen alle erforderlichen Werte zur Eingabe vorhanden sind(siehe Anlage). Die Listennummer sollte so gewählt werden, daß eine eindeutige Zuordnung auch bei zeitgleichen Abnahmen möglich ist. Die Kalenderwoche und eine fortlaufende Numerierung ist eine Möglichkeit. In Verbindung mit dem Melder kann so jeder Mangel getrennt betrachtet und gehandhabt werden. Im Feld "Raum" kann falls vorhanden die Raumnummer eingegeben werden. Die Bauachsen werden im Feld „Bereich" eingetragen, die Form der Eintragung spielt dabei keine Rolle. Hinter dem Achsbereich können auch noch Bemerkungen eingegeben werden, wie z.b. TRH für ein Treppenhaus. Das vorhandene Feld „Nutzer" kann mit dem Namen des Mieters oder des vorübergehenden Nutzers (bei Baustellenbetrieb) sinnvoll belegt werden. Die Eingabe des aktuellen Erfassungsdatums erfolgt automatisch. Mit Hilfe der Tastatur kann es aber auch manuell eingetragen werden.

Nun kann unter dem Oberpunkt „Mangel eintragen" der eigentliche Mangel eingetragen werden. Er kann bis zu 254 Zeichen lang sein, was ausreichen sollte, da ein kurzes Beschreiben bei der Aufnahme angestrebt werden sollte. Unter dem Punkt „Bemerkungen" können noch spezielle Angaben gemacht werden, z.b. über mündliche Absprachen. Sind alle Daten zur Lokalisierung des Mangels eingegeben, wird durch Anklicken der Schaltfläche „Eintragen" die Eintragung in die Tabelle „Mängelerfassung" vorgenommen. Es erscheint folgendes Fenster, um die Eintragung zu bestätigen:

Mit dem Anklicken der Schaltfläche „OK" oder dem Betätigen der Returntaste wird die Eintragung bestätigt

Sind die Mängel oder der Mangel eingetragen, kann mit der Schaltfläche „OK" der Bereich „Mängel erfassen" verlassen werden

6.10 Mängel ändern

Der Fad zur Mängeländerung ist ähnlich dem der Mängeleingabe, d.h. Anklicken der „Mängelverwaltung", dann unter „Mangel" und statt unter „Mängel erfassen" auf „Mängel ändern" gehen. Es erscheint folgendes Fenster:

Hier können Mängel aufgerufen werden, welche sich schon in der Mängelliste befinden, wo sich aber eine oder mehrere Angaben geändert haben. Dies gilt für alle auf der rechten Seite der Eingabemaske unter dem Oberpunkt „Änderungen" befindlichen Daten.

Auf der linken Seite des Bildschirmes erscheinen untereinander alle Daten über den entsprechenden Mangel, die zuvor eingegeben wurden. So kann der betreffende Mangel genau definiert und aufgerufen werden, und es kann nicht zu Verwechslungen kommen.

Hat sich im Mangeltext etwas geändert, so kann der Text im weiß hinterlegten Feld neben dem Wort „Mangel" mit Hilfe der Maus und der Tastatur einfach geändert werden. Dieser Fall kann beispielsweise bei Übermittlungsfehlern eintreten, oder bei einer teilweisen Erledigung der Unregelmäßigkeit. Dieselbe Vorgehensweise kann bei einer Änderung bzw. bei einer Ersteintragung der Bemerkungen erfolgen.

Unter dem Oberpunkt „Änderungen" können ebenfalls die Mahnungen eingetragen werden. Vor den einzelnen Mahnstufen befindet sich jeweils ein quadratisches, weiß hinterlegtes Kontrollkästchen. Durch Anklicken in dieses Kontrollkästchen erscheint das aktuelle Datum automatisch. Das Datum kann natürlich auch manuell eingegeben werden oder jederzeit verändert werden. Als Kontrolle für diesen Eintrag erscheint im Kontrollkästchen ein Haken. Es sind drei Mahnstufen vorgesehen, um einen variablen Einsatz des Programmes zu gewährleisten. Ist ein zuvor angemahnter Mangel beseitigt worden, wird das Kontrollkästchen vor dem Wort „erledigt" angeklickt. Nur so kann der Mangel beim Ausfiltern von den unerledigten Mängeln unterschieden werden.

Das weiß hinterlegte Feld rechts neben dem Wort „Status" ist wiederum zweigeteilt und funktioniert auf dieselbe Art, wie bereits im Absatz „Mängel erfassen" beschrieben.

Eine Änderung eines aufgerufenen Mangels wird mit einem Anklicken der Schaltfläche „Eintragen" beendet. Es erscheint dann folgendes Fenster, um die erfolgte Eintragung zu bestätigen:

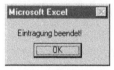

Wiederum schließt die Schaltfläche „OK" das Fenster zur Änderung der Mängel.

Alle Angaben, die in dieser Maske nicht geändert werden können, sind bei Bedarf in der Tabelle „Mängelerfassung" zu ändern. Das gilt mit Ausnahme der Spalten für Haus und Geschoß uneingeschränkt.

6.11 Filtern

Über die Menüleiste „Mängelverwaltung" und dem Aufruf „Filter" kann dieser Punkt geöffnet werden. Es erscheint folgende Eingabemaske auf dem Bildschirm:

Mit Hilfe dieser Maske lassen sich verschiedene Filter setzen, man erhält Mängellisten, welche für die unterschiedliche Zwecke verwendet werden können.

Im oberen Teil der Maske befindet sich der Filter „Filter für Mahnungen". Alle Mängel, die schon angemahnt wurden, können unter diesem Punkt ausgefiltert werden. Das Erstellen dieser separaten Liste beginnt mit der Eingabe des Datums. Durch die Eingabe des Datums wird ein Zeitraum festgelegt, von dem eine Liste benötigt wird. In dem weiß hinterlegten Feld unter der Bezeichnung „von Datum" wird der Beginn des Zeitraumes festgelegt. Die Eingabe erfolgt wiederum unter Zuhilfenahme der Maus und der Tastatur. Nach dem Anfangsdatum des erforderlichen Zeitraumes wird das Enddatum eingegeben. Dies geschieht in dem weiß hinterlegten Feld unter der Bezeichnung „bis Datum". Die Form der Datumseingabe kann beliebig gewählt werden, dies gilt für alle Formen der Eingabe, insbesondere für die Rechtschreibreform. Werden in den Datumsfeldern keine Eintragungen vorgenommen, so erscheint die komplette Liste. Rechts neben der Datumseingabe kann der Mangel noch unter vier weiteren Kriterien unterschieden und gefiltert werden. Auf der linken Seite befinden sich zwei Optionsfelder. Oben befindet sich das Optionsfeld „offen", und darunter befindet sich das Optionsfeld „erledigt". Wird das obere Feld angeklickt, werden alle unerledigten Mahnungen aufgerufen, die in dem zuvor vereinbarten Zeitraum liegen. Alle bereits abgearbeiteten Mängel erscheinen nach dem Anklicken des Optionsfeldes „erledigt". Zusätzlich zu den bereits ausgewählten Eigenschaften kann die Liste auf der rechten Seite, nach Firmen oder Listennummer sortiert, ausgedruckt werden. Zur Auswahl stehen „sortiert nach Listen Nr." im oberen Bereich sowie im unteren Bereich „sortiert nach Firmen". Nach Beendigung der Eingaben unter dem Punkt „Filter für Mahnungen" muß der Befehl zum Filtern der Tabelle durch Anklicken der Schaltfläche „Filtern" abgeschickt werden. Die Tabelle „Mängelerfassung" wird nun nach den gewählten Kriterien durchsucht und gefiltert.

Ist dieser Vorgang beendet, so erscheint folgendes Hinweisfenster auf dem Bildschirm:

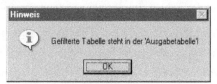

Das erscheinende Hinweisfenster wird wiederum durch Anklicken der Schaltfläche „OK" oder ein Drücken der Returntaste bestätigt. Durch ein erneutes Klicken auf eine Schaltfläche „OK", im unteren linken Teil der Eingabemaske erscheint auf dem Bildschirm die Ausgabetabelle.

Diese Ausgabetabelle kann nun bei Bedarf ausgedruckt werden, um sie beispielsweise an entsprechende Nachunternehmer zu verschicken.

In der unteren Eingabemaske können vier verschiedene Listen erzeugt werden. Unter dem Punkt „Auswahl der Liste" können diese ausgewählt werden. Im mittleren Feld werden die Auswahlfilter gesetzt. Im rechten Feld, unter dem Punkt „Mangelfilter", wird der Status vereinbart.

6.12 Mängelfeststellung

Die erste der vier Auswahlmöglichkeit ist die „Mängelfeststellung". Nach dem Anklicken der entsprechenden Schaltfläche werden die Felder „Gewerk" und „Firma" grau hinterlegt und sind, damit gesperrt. Dagegen können die Felder „Haus/Bauteil" und „Melder", welche weiß hinterlegt sind ausgewählt werden. Alle unter dem Punkt „Daten erfassen" eingegebenen Werte können aufgerufen und ausgefiltert werden. Dies geschieht wiederum im dazugehörigen Dropdownfeld durch Scrollen nach dem Anklicken der Pfeiltasten. Wird das Feld ohne Eintrag gelassen, so werden alle in dieser Kategorie verfügbaren Daten verwendet.

Jeder verfügbare Status besitzt sein eigenes Kontrollkästchen und kann separat oder mit anderen kombiniert, aufgerufen und damit ausgedruckt werden. Beim Anklicken des letzten Kontrollkästchens „alle auswählen/löschen" werden entweder alle Statussymbole aktiviert oder reaktiviert. Dieser Umstand erleichtert die Eingabe und Kombination der Statussymbole. Die ausgewählten Statussymbole werden vom Computer ausgefiltert.

Das Datum der auszudruckenden Liste wird wieder auf die zuvor beschriebene Weise eingegeben. Nach der Eingabe aller zur Auswahl stehenden Daten wird der Filtervorgang mit dem Anklicken der Schaltfläche „Filtern" aktiviert. Die Schaltfläche „OK" dient dem Verlassen des Menüpunktes „Filtern". Die Filtermaske für die Mängelfeststellung, zur Erzeugung der entsprechenden Liste, besitzt folgendes Aussehen:

6.13 Auftragnehmer

Die nächste Filtermöglichkeit ist jene mit dem Namen „Auftragnehmer". Diese Liste ist hauptsächlich zum Abarbeiten für die Nachunternehmer gedacht. In der Liste „Auftragnehmer" sind alle verfügbaren Daten des Unterpunktes „Auswahlfilter", die zuvor in die unterschiedlichen Kataloge eingetragen wurden, benutzbar. Die zu erzeugende Mängelliste wird nach Häusern und Gewerken sortiert. Wiederum wird eine Auswahl der weiß hinterlegten Daten mit Hilfe der vorhandenen Dropdownfelder, unter den jeweiligen Auswahlfiltern, nach dem Anklicken der Pfeiltaste getroffen. Bleibt eines der Felder ohne Eintrag und damit lediglich weiß hinterlegt, so werden alle vorhandenen Werte berücksichtigt.

Die Eintragung des Datums und die damit verbundene Festlegung einer Zeitspanne besitzt dieselben Eigenschaften wie zuvor beschrieben. Auch an der Auswahl der Statussymbole ändert sich nichts. Die Schaltflächen Filtern und OK haben ebenfalls die vorher beschriebenen Eigenschaften.

6.14 Listen-Nr.

Die dritte Möglichkeit der Listenauswahl ist die mit dem Anklicken der Schaltfläche „Listen Nr." aufzurufen. Alle zur Verfügung stehenden Auswahlfilter können hier wiederum gesetzt werden. Auch die Auswahl der anderen Kriterien erfolgt wie unter zuvor beschrieben. Der einzige Unterschied zur Liste „Auftragnehmer" ist die Reihenfolge der Sortierkriterien. In dieser Liste wird nach Häusern und Listennummer sortiert.

6.15 Mängelliste

Die vierte Möglichkeit der Filterung ist die Auswahl nach Gewerken und Firmen. So kann bei der zuvor erwähnten Mehrfachbeschäftigung von Firmen oder einer Mehrfachvergabe von Gewerken eine bessere Handhabung erreicht werden. Als Auswahlfilter können hier nur das weiß hinterlegte Dropdownfeld „Gewerk" und die „Firma" ausgewählt werden. Die Dropdownfelder „Haus/Bauteil" und „Melder" sind grau hinterlegt und damit nicht auswählbar. Dasselbe gilt für die Auswahl der Statusfelder unter dem Punkt „Mangelfilter", die ebenfalls grau hinterlegt und damit gesperrt sind. Das Datum und die Schaltflächen „Filtern" und „OK" werden wie zuvor beschrieben verwendet. Die Maske besitzt folgendes Aussehen:

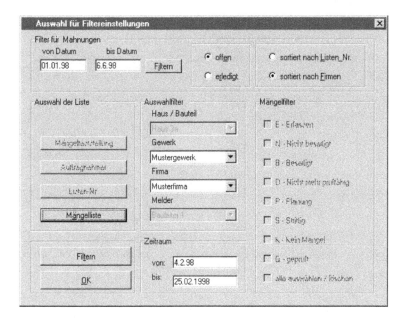

6.16 Allgemeines zum Filtern

Nach dem Anklicken der Schaltfläche „Filtern" zur Erstellung der gewünschten Listenform beginnt der Computer automatisch die gesamte Tabelle „Mängelerfassung" zu untersuchen. Zuerst werden alle Zeilen untersucht und danach die Spalten. Das Programm ist so eingestellt, daß es momentan für 2.000 Mängel ausreicht, d.h. es werden automatisch bei jeder Filterung 2.000 Zeilen untersucht. Eine Erweiterung bis auf über16.000 Zeilen ist aber möglich, würde aber den Zeitaufwand des Filterns verlängern. Ein leistungsstarker Rechner wäre bei einer großen Zahl von Mängeln in jedem Fall anzuraten.

7. Vergleich der Access-Datenbank und des Excel-Programmes

Das im Zuge dieser Abhandlung entwickelte Programm zur Verwaltung von Mängeln wurde erstellt in Anlehnung an die vorhandene Access-Datenbank. Sie diente als Vorlage, da es sich hierbei um ein Programm handelt, welches seit geraumer Zeit in der Praxis angewendet wird. Bei der Arbeit mit dem vorhandenen Programm wurden jedoch einige Schwächen offensichtlich. Das ist der Fall, obwohl über den Zeitraum eines Jahres ständig Verbesserungen an diesem Programm vorgenommen wurden. Bei der jetzt angewandten Version des Programmes kommt es auch weiterhin zu häufigen Schwierigkeiten. Trotz ständiger Verbesserungsvorschläge der Philipp Holzmann AG, entspricht es immer noch nicht in allen Punkten den Vorstellungen der Verantwortlichen. Eine eigenständige Verbesserung ist nicht möglich, da das erwähnte unabhängige Ingenieurbüro einen Zugriff auf die Programmierung verweigert. Aus diesem Grunde wurde ein eigenständiges Programm in Visual Basic entwickelt.

Bei der Eingabe und der Arbeit mit der Datenbank auftretende Schwierigkeiten müssen auf umständlichen Wegen geklärt werden. Innerhalb der Projektgemeinschaft City Carrè ist niemand ausreichend mit dem Umgang von Access-Datenbanken vertraut. Durch eine falsche Handhabung kann es zudem auch zu Datenverlusten kommen, welche wiederum zu einem erhöhten Zeitaufwand führen und dadurch auch zu erhöhten Kosten. Der für die Erstellung zuständige Programmierer ist nur in Hannover erreichbar, was bei schwerwiegenden Problemen zu einem erheblichen Zeitverlust führt.

Der entscheidende Vorteil des entwickelten Programmes liegt darin, daß es auf Grundlage des Tabellenkalkulationsprogrammes Excel funktioniert. Jeder Bauingenieur sollte mit diesem Programm ausreichend vertraut sein, da es das in der Praxis mit Abstand am häufigsten angewandte Programm dieser Art ist. Man kann also davon ausgehen, daß jeder tätige Ingenieur mit dem Umgang von Excel keine Schwierigkeiten hat. Eine Einführung in der Anwendung, wie es bei der vorliegenden Datenbank notwendig war, kann also in der Regel entfallen. So sind einige Änderungen, z.b. im optischen Bereich, für die Anwendung einfach und selbständig durchführbar. Das ist ohne Eingriffe in die Programmierung möglich.

Ein weiterer großer Vorteil ist die Eingabe der Mängel selbst. Bei der Access-Datenbank müssen alle notwendigen Objektdaten vor der eigentlichen Mängeleingabe eingegeben werden. So müssen alle Achsen, Nutzer und Bauteile vorher genau vereinbart sein, spätere Änderungen sind nicht oder nur sehr umständlich möglich, z.B. bei einer Änderung des Auftragnehmers und der dazugehörigen Gewerke ist eine komplette Neueingabe erforderlich. Bei der Mängeleingabe sind alle Daten, durch Scrollen in sehr großen Pulldown-Menüs, erneut aufzurufen. Bei jedem einzutragenden Mangel müssen alle vorhandenen Daten komplett neu aufgerufen werden. Die Eintragung erfolgt immer nach einem bestimmten, nicht immer logischen Muster. Eine Abweichung von diesem Schema hat eine Fehlermeldung zur Folge, mit der Angabe einer Fehlernummer, zu denen nur unzureichende Erläuterungen vorhanden sind. Der Arbeits-und Zeitaufwand ist durch diese komplizierte Eingabe sehr groß, daß gilt für die Objektdaten genauso wie für das Setzen der Filter. Die Listen, die auf der Baustelle handschriftlich aufgenommenen werden, müssen unter verschiedenen Gesichtspunkten mehrmals bearbeitet werden. Zum einen bei der Eingabe aller Objektdaten und schließlich bei der Eingabe der eigentlichen Unregelmäßigkeiten.

Beim Filtern können vier sinnvolle Listen erzeugt werden, obwohl sechs Schaltflächen vorhanden sind. Die Schaltfläche „Holzmann" steht nicht zur Verfügung, mit ihr kann keine Liste erzeugt werden. Zur Erzeugung eines kompletten Raumbuches war die Schaltfläche mit dem gleichnamigen Namen gedacht. Doch was nützt ein Raumbuch, in dem nur Räume erfaßt sind, die einen Mangel aufweisen, denn alle Räume, für die dies nicht zutrifft, werden in dieser Liste nicht erfaßt. Das Setzen der Filter zur Erstellung der Mängellisten weist einen weiteren entscheidenden Nachteil auf. Hierbei handelt es sich um den Punkt der Mahnungen, für den zwar eine Tabellenspalte vorhanden, aber keinerlei Filter möglich ist. Die grundsätzliche Bearbeitung der Mahnungen erfolgt ohne die Hilfe von EDV-Anlagen und läßt dadurch das gesamte Programm zweifelhaft erscheinen. Im Karriereführer Special 1997/98 steht hierzu recht passend: „Die Technik soll entlasten , keinesfalls aber den Betrieb aufwendig umstrukturieren." [13]. Was nutzt die beste Software, wenn nicht alle notwendigen Details bedacht sind.

Das in Visual Basic für Applikationen geschriebene Programm ist sehr viel leichter zu handhaben. Nur Daten, die sich in der Regel sehr selten ändern, müssen zuvor eingegeben werden, dies betrifft die Eingaben der Häuser, der Geschosse, der Auftragnehmer und der Melder. Alle Daten zur genauen Beschreibung des Mangels können in ein und derselben Maske (siehe Maske „Mängel erfassen") eingetragen werden. Objektdaten, die sich nicht ändern, müssen im Gegensatz zur Access-Datenbank nicht bei jedem Mangel neu eingetragen werden. So können beispielsweise gleichbleibende Gewerke einfach beibehalten werden. Bedingt dadurch, daß die Eingaben zum Großteil erst in dieser Maske erfolgen, wird die Eingabe erheblich erleichtert. Die Bearbeitung der Mängellisten nimmt dadurch nicht so viel Zeit in Anspruch. Im Gegensatz zur Access-Datenbank kann jeder eingegebene Wert ohne größere Probleme geändert werden. Für die Mangeländerung und den Eintrag der Bemerkungen steht die Maske „Mängel ändern" zur Verfügung. Andere Änderungen können in der Tabelle „Mängelerfassung" ohne weiteres vorgenommen werden, dies trifft z.B. für die Auftragnehmer und deren Gewerke zu. Eine komplette Neueingabe ist nicht notwendig. Das Setzen von Filtern für die bessere Handhabung der Mängelpunkte ist auf wesentliche Punkte begrenzt. So entfällt beim Mängelprogramm in Excel der unnötige Ausdruck „Raumbuch". Jeder Filter, der mit Hilfe der Access-Datenbank gesetzt werden kann, ist mit dem neuentwickelten Excelprogramm ebenfalls möglich.

Ein besonders großer Vorteil ist das Ausfiltern nach Mahnungen und die damit verbundenen Möglichkeiten. Es stehen drei Mahnstufen zur Verfügung, die einen flexiblen Einsatz des Programmes ermöglichen. Hier können Listen erzeugt werden, welche noch alle unerledigten oder alle erledigten Mängel anzeigen. Diese können dann noch wahlweise nach Listennummer oder Firmen angezeigt und ausgedruckt werden. Dadurch kann gewährleistet werden, daß gegebenenfalls Schritte gegen die Nachunternehmer eingeleitet werden können.

Abschließend ist anzumerken, daß das entwickelte Excelprogramm zur Verwaltung von Mängeln den Bedürfnissen einer Baustelle, wie der des City Carrès, bedeutend besser angepaßt ist. Der Grund liegt in einer schrittweisen Entwicklung und der Arbeit im Mängelmanagements dieser Baustelle. Hierzu ein Zitat aus dem Karriereführer für Bauingenieure : „Gute Branchensoftware entsteht nicht „über Nacht". Sie wächst aus Praxis-Erfordernissen, basiert auf dem Fachwissen der Berater und Programmierer, entwickelt sich mit den technischen Realisierungsmöglichkeiten immer weiter. Sie ist um so höher zu bewerten, je besser sie sich dem individuellen Anwender-Bedarf anpassen läßt." [13].

8. Literaturverzeichnis

[1]   DIN 55350 Teil 11
        Begriffe zu Qualitätsmanagement und Statistik; Teil 2

[2]   Baumanagement
        W.Rösel, 3. überarbeitete und erweiterte Auflage
        Springer-Verlag Berlin

[3]   Meyers Enzyklopädisches Lexikon
        25 Bände
        Bibliographisches Institut, Mannheim

[4]   Qualitätsmanagement im Bauwesen
        Herausgegeben von Dieter Jungwirth unter Mitwirkung der Deutschen   Gesellschaft für Qualität e.V.
        VDI-Verlag, Düsseldorf 1994

[5]   Leitfaden über hinzunehmende Unregelmäßigkeiten bei Neubauten
        Rainer Oswald,
        Bundesministerium für Raumordnung, Bauwesen und Städtebau

[6]   Verhalten bei Bauschäden
        Schild; Oswald; Rogier; Pott; Schnapauff
        Bauverlag GmbH Wiesbaden und Berlin

[7]   BGB - Bürgerliches Gesetzbuch
        35.Auflage
        Beck-Texte im dtv

[8]   VOB/ VOL/ HOAI
        16.Auflage
        Beck-Texte im dtv

[9]   Schadensvermeidung bei Baugrubensicherungen
        J.Döbbelin, V.Rizkallah
        Insitut für Bauschadensforschung e.V., Hannover
        Heft 13, 1996

[10]   Deutsche Bauzeitung db
        Ausgabe 3/ 1996 Schwachstellen Rainer Oswald
        Deutsche Verlagsanstalt

[11]   DIN 18 201

Toleranzen im Bauwesen
April 1997

[12]   Zahlentafeln für den Baubetrieb
        Hoffmann/Kremer, 4.Auflage
        B.G.Teubner Stuttgart

[13]   Karriereführer Special
        Herausgegeben in Zusammenarbeit mit dem Hauptverband der deutschen
        Bauindustrie e. V.
        Schirmer Verlag Köln

[14]   Audit-Bericht/Baustellenaudit
        Auditor: Herr Krause
        1996

[15]   Contpol
        Benutzerhandbuch Access Datenbank Version 3.01
        Harms & Partner 1998

[16]   Diplomarbeit „Verlustquellen im Bauwesen"
        Mario Freye
        Fachhochschule Hildesheim / Holzminden

[17]   Deutsche Bauzeitung db
        Ausgabe 1/ 1995 Schwachstellen Rainer Oswald
        Deutsche Verlagsanstalt

[18]   Studienmitschriften 1997 Fach: Bauorganisation
        Qualitatsmanagement DIN ISO EN 9000
        Prof. Ulrich Neuhof